Aser
Cot

*¡Desbloquea tu Asertividad y Confianza,
Deja de Complacer a la Gente, Establece
Límites Saludables y di NO!*

*(Libro de Trabajo para Transformar tu
Vida y tu Comunicación)*

MASTER.TODAY

Roger Reed

Introducción

La asertividad, la capacidad de decir claramente lo que se siente y lo que se quiere, es una habilidad importante pero a menudo infravalorada. Aprender a ser asertivo es vital para vivir una vida plena y satisfactoria. Sin embargo, aunque la asertividad es una cualidad de la que todos hemos oído hablar, existe una gran confusión sobre su significado real. Muchas personas confunden la asertividad con:

- Agresión
- Egoísmo
- Acoso escolar
- Arrogancia

La asertividad no implica ninguno de estos atributos negativos. La asertividad es una serie de destrezas y habilidades que te permiten expresar claramente lo que es importante para ti, sin violar los derechos y necesidades de otras personas. Por encima de todo, la asertividad es una habilidad comunicativa. Ser asertivo significa aprender a expresarse con claridad y sin ofender. Significa comprender y valorar tus propias necesidades y las de los demás.

La consideración hacia los demás es la diferencia esencial entre la arrogancia y la asertividad, por ejemplo. La arrogancia significa perseguir exclusivamente tus propios objetivos. La asertividad significa tener una visión más amplia. La asertividad es una habilidad esencial en la vida. Todas las personas con éxito son asertivas. Podemos estar seguros de ello porque, si no eres asertivo, no tendrás éxito, por muy brillante que seas.

La asertividad es importante en todos los aspectos de nuestra vida. En nuestras carreras, no podemos avanzar o mejorar sin ser asertivos. En nuestra vida personal, la asertividad nos lleva a tener relaciones más satisfactorias. En todo lo que hacemos, la capacidad de valorar y comunicar claramente nuestras necesidades es un requisito previo para el éxito.

Ser pasivo es lo contrario de ser asertivo. Ser excesivamente pasivo no sólo limita tu capacidad para alcanzar tus objetivos, sino que también es poco saludable. Se ha demostrado que la pasividad conduce a una baja autoestima, ansiedad e incluso depresión. Las personas pasivas rara vez están contentas. Intentar contentar a todo el mundo nunca será posible porque las personas tienen deseos y necesidades diferentes. No se puede complacer a todos y tratar de hacerlo causará estrés.

La buena noticia es que la asertividad es algo que puedes aprender. Sorprendentemente, no ser asertivo es un comportamiento que has aprendido. Has nacido asertivo. Los bebés expresan sus emociones libremente y saben hacernos entender lo que quieren. Tú fuiste así una vez, pero desde entonces has aprendido a ocultar tus propios sentimientos. Has aprendido a evitar el conflicto cediendo e ignorando tus necesidades en beneficio de los demás. Has aprendido a ser pasivo.

Este libro trata sobre el reaprendizaje de las habilidades necesarias para ser asertivo. Explica qué es la asertividad y ofrece estrategias prácticas para aplicar esas habilidades. Convertirse en una persona asertiva no es algo que ocurra de la noche a la mañana, pero puedes aprender estas habilidades con el tiempo.

¿Estás preparado para descubrir los beneficios de ser asertivo?

TU REGALO

Nos gustaría darte un regalo para agradecerte la compra de este libro. Puedes elegir entre cualquiera de nuestros otros títulos publicados.

Puedes obtener acceso inmediato a cualquiera de nuestros libros haciendo clic en el siguiente enlace y uniéndote a nuestra lista de correo:

https://campsite.bio/mastertoday

Nuestros otros libros

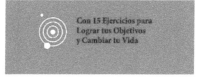

Dominio de la Fuerza Mental:

Construye tu autoconfianza para desbloquear tu valor y resistencia

Para saber más, haga clic aquí:

https://master.today/books/mental-toughness/

Índice de contenidos

Parte 1: ¿Qué es la asertividad y por qué la necesitas?

La primera parte de este libro trata de aprender dónde te encuentras ahora mismo con respecto a la asertividad. Con el tiempo, adquirimos hábitos de comportamiento sin darnos cuenta. A veces, necesitamos detenernos y tomarnos el tiempo necesario para comprender dónde estamos ahora. Esa práctica no siempre es cómoda. Puede ser un shock descubrir que no somos la persona que creíamos que éramos y darnos cuenta de que, de alguna manera, nos hemos alejado de nuestras creencias fundamentales.

Pero debes hacerlo si quieres cambiar. No se puede construir algo nuevo sin unos cimientos firmes. El hecho de que estés leyendo este libro significa que quieres cambiar. Es posible que tengas la tentación de pasar rápidamente a las partes de este libro que te dicen cómo ser asertivo. En lugar de ello, tómate el tiempo necesario para leer esta parte y pensar honestamente en cómo se aplica a ti. ¿Te esfuerzas demasiado por ser amable? ¿Es usted una persona que complace a la gente? ¿Tienes ideas equivocadas sobre lo que significa ser asertivo? ¿Hay personas en tu vida que se aprovechan de ti y te impiden alcanzar todo tu potencial?

Sólo cuando hayas completado esta auditoría mental estarás preparado para aplicar las técnicas que te ayudarán a cambiar.

Capítulo 1: ¿Eres una buena persona?

Haz una buena prueba

Será mejor que tengas cuidado,

Será mejor que no llores,

Mejor no hacer pucheros,

Te digo por qué...

Papá Noel viene a la ciudad

Todos queremos ser amables. Primero de niños, y luego de adultos, se nos dice que ser amable con los demás es una habilidad social esencial. Si no somos amables, no le gustaremos a la gente.

No hay nada malo en ser amable, especialmente cuando se es cortés y considerado con otras personas. Sin embargo, es posible ser demasiado amable. Esta tendencia puede llevarnos a preocuparnos tanto por hacer felices a los demás que nos olvidamos de nuestras propias necesidades. Podemos sentirnos resentidos, enfadados e incluso deprimidos porque, por mucho que nos esforcemos, parece que nunca podremos complacer a todo el mundo.

Dado que estás leyendo este libro, ¿quizás es así como te sientes? ¿Sientes que te pasas todo el tiempo intentando complacer a los demás? Sin embargo, por mucho que hagas, siempre parecen querer más. ¿Pasas tanto tiempo pensando en lo que quieren los demás que parece que nunca tienes tiempo para considerar tus propias necesidades?

Tal vez te esfuerzas demasiado en ser amable.

Haz este sencillo test. No pretende ser una prueba científica o psicológica. Es sólo un método para hacerte reflexionar sobre tu comportamiento en términos de asertividad ahora. ¡Sé sincero!.

1. **Pides comida en un restaurante. Cuando llega la comida, no es lo que has pedido. ¿Qué haces?:**

   a. No dices nada. Probablemente estará bien, y no querrás estropear la velada a los demás.

   b. Lo mencionas a las personas con las que estás cenando, pero lo comes de todos modos.

   c. Le dices al camarero que se ha equivocado y le pides que te dé el pedido correcto.

2. **Alguien se adelanta a ti en una fila. ¿Qué haces?:**

   a. No dices nada. Probablemente tengan más prisa que tú.

   b. Suspiras de manera exasperada pero no dices nada.

   c. Le dices a la persona: "*Disculpe, pero creo que estaba primero que usted*".

3. **Estás en un supermercado. Alguien se abalanza sobre ti con su carrito de la compra por detrás. ¿Qué haces?:**

   a. Pides disculpas

   b. No dices nada pero los miras.

   c. Le dices a la persona: "*Por favor, tenga cuidado*".

4. **Estás con un grupo de amigos y alguien dice algo con lo que no estás de acuerdo. Tal vez incluso sea algo que te resulte ofensivo. ¿Qué haces?**

   a. No dices nada. No quieres ofenderles ni iniciar una discusión.

   b. Dices suavemente que no estás de acuerdo.

   c. Les dices con firmeza que no estás de acuerdo y les explicas por qué crees que están equivocados.

5. **¿Con qué frecuencia te sientes culpable?**

   a. Todo el tiempo.

   b. Sólo ocasionalmente.

   c. Nunca.

6. **Si alguien te pide un favor, ¿cuántas veces te niegas?**

   a. Nunca.

   b. Ocasionalmente.

   c. Todo el tiempo.

7. **Estás planeando una salida nocturna con un amigo o con tu pareja. No estás de acuerdo en dónde ir. ¿Cómo suele ser el resultado?**

   a. Suelo aceptar lo que quieren.

   b. A veces hago lo que ellos quieren, a veces ellos hacen lo que yo quiero.

   c. Siempre hacemos lo que yo quiero.

Si tus respuestas son generalmente "*a*", puede que seas demasiado amable. No quieres o no eres capaz de hacerte valer, incluso cuando esa sería una respuesta perfectamente razonable. Si tus respuestas son generalmente *"b"*, puede que sigas siendo un poco demasiado amable. Si tus respuestas son todas "c", ciertamente no eres demasiado amable y ya eres asertivo.

¿Se puede ser realmente demasiado amable, y si es así, es un problema? Las respuestas que has dado en el test anterior son sólo una guía. La pregunta más importante que debes hacerte es ¿cómo te hace sentir ser siempre amable? Si te sientes confiado, relajado y realizado, está claro que tu nivel actual de asertividad no es un problema. Pero para muchas personas, ser demasiado amable es un problema porque les hace sentirse utilizados, aprovechados, resentidos e insatisfechos.

También es cierto que las personas agradables suelen atraer a amigos que se aprovechan de ellas. Una persona que siempre quiere salirse con la suya se sentirá atraída por una persona pasiva. Una persona perezosa buscará a quienes le sirvan. Las personas que son sistemáticamente amables creen que hacer siempre lo que los demás quieren hará que la gente les quiera. Eso no es cierto.

Veamos por qué el deseo de caer bien es un motor tan poderoso del comportamiento humano.

Todos queremos caer bien

La interacción humana es esencial para nuestro bienestar mental y físico. Los seres humanos somos criaturas sociales y sin interacción, sufrimos. En sus formas más antiguas, la cooperación en la sociedad humana era la única manera de sobrevivir. Por eso, la necesidad de interacción está programada en el cerebro humano.

Una conocida historia sobre Federico II, emperador del Sacro Imperio Romano Germánico en el siglo XIII, ilustra esta necesidad de interacción humana. Federico quería realizar un experimento para responder a una de las cuestiones teológicas más importantes de la época: ¿qué idioma hablaban Adán y Eva? Para encontrar una respuesta, Federico hizo que varios niños fueran criados por madres adoptivas que se ocupaban de las necesidades físicas de los niños, pero a las que se les prohibía conversar con ellos o incluso hablar a su alcance. Frederick creía que, de alguna manera, el lenguaje original inspirado por Dios surgiría espontáneamente en estos niños. En cambio, todos los niños se debilitaron y murieron.

Puede que sea una historia apócrifa, pero su premisa está confirmada por muchos estudios científicos más recientes. Estos estudios demuestran que las interacciones sociales y la forma en que reaccionamos ante las personas que nos rodean, mejoran la capacidad cognitiva y la salud mental y física. Una parte importante de estas interacciones es nuestro deseo de aprobación, aprecio y aceptación por parte de los demás. Esto también parece tener implicaciones directas en nuestro bienestar físico. Un estudio de nueve años sobre miles de personas realizado en el condado de Alameda (California[1]) descubrió que las personas con vínculos sociales estrechos vivían notablemente más tiempo, incluso cuando tenían elecciones de estilo de vida poco saludables que incluían el tabaquismo, la obesidad y la falta de ejercicio.

Estudios como éste confirman que todos necesitamos sentir que formamos parte de algo y ser aceptados como parte de un grupo social. Por eso, todos tenemos una necesidad fundamental de caer bien.

Esto puede convertirse en un problema si cedemos a la necesidad de caer bien a todo el mundo. En la práctica, eso nunca va a ser posible.

Ninguna persona le va a caer bien a todo el mundo, y las personas que luchan por caer bien a todo el mundo suelen tener problemas de baja autoestima. Estos problemas pueden tener su origen en la infancia o en el abuso emocional o físico en las relaciones adultas.

Como muchas otras cuestiones que afectan a la salud mental, la necesidad de caer bien sólo se convierte en un problema cuando es compulsiva.

La mayoría de las personas preferirían caer bien antes que caer mal. Tienes un problema cuando tienes una necesidad compulsiva de caerle bien a todo el mundo. Si

---

[11] Lisa F. Berkman, S. Leonard Syme, *SOCIAL NETWORKS, HOST RESISTANCE, AND MORTALITY: A NINE-YEAR FOLLOW-UP STUDY OF ALAMEDA COUNTY RESIDENTS*, American Journal of Epidemiology, February 1979.

sufres esta necesidad compulsiva, entonces te diriges inevitablemente a la decepción y el resentimiento.

Puede que incluso te des cuenta de que te estás convirtiendo en una persona que complace a la gente.

¿Eres una persona que complace a la gente?

La psicóloga social y escritora Susan Newman utilizó el término "*agradador de persona*[2]" para describir a cualquier persona que tenga una necesidad compulsiva de hacer felices a los demás. Las personas complacientes buscan constantemente la validación externa. Carecen de confianza en sí mismos y sólo ven su autoestima reflejada en la aprobación de los demás.

Por supuesto, el deseo de complacer a otras personas y de caerles bien no es perjudicial en sí mismo. Toda relación eficaz implica comprender y tener en cuenta las necesidades y los sentimientos de los demás. Esto sólo se convierte en un problema cuando nuestro deseo de hacer felices a los demás nos hace ignorar o despreciar nuestras propias necesidades y sentimientos.

¿Cómo puedes saber si eres una persona complaciente?

¿Alguna vez pretendes estar de acuerdo con la gente? Escuchar a los demás es una habilidad social importante. Ser educado y atento cuando otra persona está hablando es una buena manera de hacerle saber que realmente estás escuchando. Pero las personas que complacen a la gente suelen fingir que están de acuerdo con la otra persona simplemente para hacerla feliz.

¿Te sientes incómodo si alguien es infeliz? Cualquier persona con empatía y compasión se

---

[2] *The Book of No: 250 Ways to Say It-And Mean It and Stop People-Pleasing Forever*, Susan Newman, McGraw-Hill, 2005.

sentirá identificada si un amigo o colega es infeliz. Las personas complacientes sienten que la infelicidad de la otra persona es, de alguna manera, culpa suya y que ellos son los responsables. Si te sientes culpable por la infelicidad de otra persona, aunque no la hayas provocado, es posible que seas una persona complaciente.

¿Te resulta difícil dar opiniones sinceras? Todos nos hemos visto en la situación de que un amigo, pareja o colega nos pida consejo. A veces, sabemos que el consejo que debemos dar puede ser inoportuno o incluso doloroso. ¿Qué haces en esas circunstancias? Si crees de verdad que la persona que te pide consejo se beneficiará de lo que tienes que decir, lo dirás. Si eres una persona complaciente, dirás lo que sea necesario para hacer feliz a tu interlocutor, pero no le darás el mejor consejo.

¿Adoptas comportamientos poco útiles sólo para hacer felices a los demás? Varios estudios demuestran que las personas que complacen a los demás adoptan comportamientos poco saludables e incluso destructivos porque creen que así se sentirán más cómodos en situaciones sociales. Esta tendencia puede abarcar una serie de comportamientos que van desde el consumo excesivo de alcohol o comida hasta la agresividad. Adoptar estos comportamientos a menudo hace que las personas complacientes se sientan mal, pero se sienten obligados a actuar así porque otras personas de su grupo social actúan de esta manera

¿Harás algo para evitar el conflicto? Un cierto nivel de conflicto es una parte normal de la interacción social. Nunca dos personas estarán totalmente de acuerdo en todo. El debate y la discusión en los que defiendes tu punto de vista son saludables y productivos. Las personas complacientes no lo ven así. Hacen lo que sea para evitar cualquier tipo de conflicto. Ven el conflicto como un síntoma de infelicidad y creen que, de alguna manera, es culpa suya.

¿Eres incapaz de decir *"no"*? A nadie le gusta rechazar una petición de ayuda o de tiempo de un amigo. Sin embargo, las personas complacientes parecen congénitamente incapaces de decir *"no"* en cualquier circunstancia. Acceden a casi todo, aunque ese acuerdo les deje estresados y resentidos.

Al igual que muchos otros conceptos de este libro, ser una persona complaciente no es una condición de todo o nada. Es posible que te des cuenta de que eres más propenso a adoptar algunos de los comportamientos señalados anteriormente con un grupo concreto o incluso con una persona en particular. Tal vez sólo te comportas así con tu pareja o con tu jefe. Esta actividad no pretende ser una lista de comprobación con una puntuación para decidir si eres una persona complaciente. Lo que pretende es que pienses en tu propio comportamiento para ver si te identificas con algún rasgo de complacencia con la gente.

Ser complaciente con la gente no es un problema en sí mismo. Sin embargo, es un fuerte indicador de que puedes tener problemas subyacentes de autoestima y falta de asertividad. Ser amable tiene un precio.

Ser amable tiene un precio

¿Qué hay de malo en ser una persona complaciente, en ser siempre amable con todo el mundo, todo el tiempo? Hay dos respuestas diferentes, una práctica y otra psicológica. Empecemos por ver las razones prácticas por las que las personas que complacen a la gente no suelen ser respetadas ni siquiera queridas.

Si siempre estás de acuerdo y nunca dices nada desagradable, puedes pensar que eso hará que la gente te quiera. Pero no es así. La gente empezará a dudar rápidamente de tu sinceridad y honestidad. En parte, esto se debe a que, aunque tus palabras digan "*estoy de acuerdo*", tu lenguaje corporal y otras señales no verbales que proporcionas inconscientemente están diciendo claramente "*no estoy de acuerdo*". Las personas son especialmente buenas para captar estos mensajes no verbales, aunque no sean conscientes de ello. Cuando se enfrentan a una persona que dice una cosa pero da mensajes que sugieren lo contrario, es muy poco probable que confíen en esa persona o respeten lo que dice.

Si alabas y afirmas positivamente de forma constante, tus palabras se desvalorizarán. Si das respuestas sinceras, la gente valorará mucho más las que son positivas que los ánimos insípidos y omnipresentes que reciben de una persona complaciente.

Las personas que complacen a la gente en realidad evitan la intimidad. Al censurar cuidadosamente todo lo que dices para eliminar cualquier cosa que pueda hacer infeliz a tu interlocutor, restringes tus interacciones sociales al nivel más superficial. La verdadera intimidad implica honestidad. Las personas complacientes son incapaces de ser honestos, y sus interacciones sociales nunca pueden ser verdaderamente satisfactorias. Los demás se dan cuenta de esta falta de sinceridad y nunca valorarán la amistad de un complaciente como la de alguien honesto.

Piensa en alguien que conozcas y que sea una persona complaciente. La mayoría de nosotros conoce al menos a uno. ¿Qué opinas de ellos? ¿Valoras pasar tiempo con ellos? ¿Te apetece charlar con ellos? ¿O te parece que su charla es más bien aburrida? Si eres una persona que complace a la gente, es muy posible que eso sea lo que los demás piensen de ti.

Sin embargo, más allá de las reacciones negativas que provoca en los demás el hecho de complacer a la gente, también tiene implicaciones psicológicas directas y poco útiles para ti. La disonancia entre lo que dices y lo que realmente piensas puede llevarte a sentirte como un impostor. Sabes que lo que dices no es cierto, pero no te atreves a afirmar lo que realmente sientes.

Este hábito puede hacer que te sientas alejado de tu verdadero yo y de tus valores vitales. El sentido de la autoestima de las personas complacientes proviene enteramente de las opiniones de los demás. En el fondo, sospechan que no son agradables. Pero luchan contra este miedo actuando de forma que pretende agradar a los demás. Este hábito les hace sentirse simpáticos. Actuar así no es saludable. Para ser constantemente simpático a todo el mundo, debemos aplastar segmentos enteros de nuestra personalidad. No podemos mostrar enfado, competitividad o incluso desacuerdo porque tememos que esto pueda hacer que la gente nos quiera menos. Debemos volvernos tan anodinos que no nos arriesgamos a ofender a nadie.

Verse obligado a actuar de forma falsa es el verdadero precio de la amabilidad. Puede que te encuentres restringido a relaciones superficiales e insatisfactorias. Estas relaciones pueden ser con personas que ni siquiera te gustan, pero aun así quieres su aprobación. Puede que te encuentres actuando y hablando de formas que no concuerdan con tus valores internos. Es posible que te sientas resentido y frustrado.

La buena noticia es que no tienes por qué seguir así. Si aprendes a ser más asertivo, puedes mejorar tu propia salud mental y tener relaciones significativas. Pero antes de empezar a hablar de cómo ser más asertivo, tenemos que detenernos un momento. Pensemos en los derechos básicos que tenemos y que quizá hayamos perdido de vista en nuestra constante búsqueda de ser amables.

Tienes derecho a cuidarte

Casi todos nos esforzamos por ser amables, consciente o inconscientemente. Lo hacemos aunque a menudo no tengamos claro qué significa "agradable". Simplemente estamos condicionados por la sociedad para actuar de forma que apoyemos las necesidades de otras personas mientras ignoramos las nuestras. Este capítulo trata de entender por qué ese deseo puede ser contraproducente o incluso insano.

Hay algo más importante que debes tener en cuenta: Tienes derecho a cuidarte.

Incluso se ha dicho que cada uno de nosotros tiene no sólo el derecho, sino también la responsabilidad de cuidarse a sí mismo. Kristi Ling, escritora, experta en felicidad y autora del best seller *Operación Felicidad,* señala:

"Cuidar tu cuerpo, mente y espíritu es tu mayor y más grande responsabilidad".

Piensa en esos carteles de seguridad que ves cuando viajas en avión. Los que te dicen que te pongas tu propia máscara de oxígeno antes de intentar ayudar a otra persona. Puede parecer egoísta, pero en realidad es la mejor manera de actuar. Si ignoras esa instrucción y tratas de ayudar a otra persona con su máscara primero, puedes quedar incapacitado. Entonces no podrás ayudarles en absoluto, y ambos sufrirán.

¿Quizás la vida cotidiana debería venir también con uno de esos carteles de seguridad? Si te pasas todo el tiempo intentando complacer a los demás e ignoras tus propias necesidades, es casi seguro que acabarás abatido, resentido, culpable y quizás incluso deprimido. ¿No tiene más sentido atender primero a tus propias necesidades, lo que te hará más fuerte, más resiliente y más capaz de atender eficazmente a los demás? Atender tus propias necesidades (y en eso consiste realmente la asertividad) te ayuda a ti y a todos los que te rodean.

Volveremos a hablar de cada uno de ellos con más detalle más adelante, pero por el momento, considera estos derechos básicos a los que todos tenemos derecho:

Tienes derecho a ser feliz. Los sabios que crearon la declaración sobre la que se fundó Estados Unidos señalaron tres derechos inherentes e inalienables: *"La preservación de la vida y libertad y la búsqueda de la felicidad".* Esos derechos se aplican a ti. Tienes derecho a buscar la felicidad. Eso no es egoísta, perverso o autocomplaciente. En parte, es lo que nos define como seres humanos. Comprender lo que te hace feliz y hacer valer tu derecho a ello es, en parte, de lo que trata este libro.

Tienes derecho a decir "no". Todos llevamos una vida muy ajetreada en la que hacemos malabarismos para exigirnos tiempo y energía. Estas exigencias pueden hacer que nos sintamos agotados e insatisfechos. Debes reconocer que tienes derecho a cuidar de ti mismo y que no puedes hacerlo todo por todos. Eso significa que vas a tener que aprender a decir *"no"* a algunas de esas demandas de tu tiempo. Eso es difícil. A muchos de nosotros nos resulta extremadamente difícil decir "no". Comprender que es necesario hacerlo y aprender a hacerlo es un paso esencial para aprender a ser asertivo.

No tienes **que juzgar tu vida según los criterios de los demás**. Todo el mundo tiene necesidades y objetivos diferentes. Esto significa que las personas tienen juicios muy diferentes sobre lo que representa el éxito y los logros en la vida. Si pasas demasiado tiempo escuchando lo que los demás esperan de ti, puedes perder el contacto con lo que realmente te importa. No dejes que eso ocurra. Mantente centrado en los objetivos que te importan y aprende a ignorar a las personas que te juzgan con criterios diferentes.

No tienes que justificar tu comportamiento. Algo que aprenderás en este libro es a reconocer lo que es importante para ti. Por supuesto, siempre habrá otros elementos que compitan por tu tiempo y atención. Pero si jugar al golf o pasar tiempo con tu gato es lo que te hace sentir bien, no tienes que encontrar excusas para encajar esas actividades en tu agenda.

Eres una persona agradable. Te gusta hacer feliz a todo el mundo. Ayudas a quien te lo pide. Si esto te describe, es probable que las cuatro afirmaciones anteriores te hagan sentir incómodo, especialmente la primera. Puede que tu propia felicidad no sea algo en lo que sueles centrarte. Pero eso debe cambiar. Debes cuidarte, comprender tus propias necesidades y aprender a hacerte valer para satisfacerlas.

Por supuesto, hay un corolario importante aquí. Los demás también tienen esos mismos derechos. Afortunadamente, ser asertivo no significa ignorar las necesidades y los sentimientos de los demás. Al contrario, significa tenerlos en cuenta, pero no permitir que tengan siempre prioridad sobre tus propios derechos. Se puede seguir siendo amable mientras se es asertivo. De hecho, aprender a hacerte valer puede ayudarte a ser incluso más amable de lo que eres ahora.

Capítulo 2: ¿Qué es la asertividad?

¿Qué entendemos por "asertivo"?

Antes de seguir adelante, merece la pena detenerse un momento para explicar con precisión qué se entiende por *"asertividad"*.

Aprender a ser asertivo no significa que vayas a conseguir automáticamente todo lo que quieres. Otras personas también tienen derecho a ser asertivas y puede que no tengan las mismas necesidades u objetivos. Aprender a ser asertivo no es una técnica secreta que te hará rico y exitoso. Tendrás que estar preparado para cooperar y negociar con otras personas para encontrar un camino que satisfaga a todos.

Aprender a ser asertivo significa comprender y reconocer tus propias necesidades y sentimientos y ser capaz de comunicarlos sin agresividad. Significa aprender a defender tus propios derechos respetando los derechos de los demás. Implica establecer relaciones más profundas y satisfactorias y llegar a ver el mundo de forma más positiva.

Si aprendes a ser asertivo, no siempre te saldrás con la tuya, pero aumentarás tu autoimagen y autoestima, y podrás tratar a los demás de forma respetuosa.

¿Puedes ser a la vez amable y asertivo?

En teoría, todos valoramos la cualidad de la "amabilidad". Apreciamos a las personas amables y, por lo general, nosotros mismos nos esforzamos por comportarnos de la misma manera con los demás. Ser amable se considera, en general, algo admirable, y quizás te preocupa tener que renunciar a ser amable para ser asertivo.

Uno de los problemas es que "agradable" es uno de esos términos que tiene diferentes significados para diferentes personas. El Cristianismo es una de las fuerzas más importantes que ha moldeado el pensamiento en el mundo occidental. También ha contribuido a definir lo que la mayoría de la gente considera el significado de ser amable. Veamos algunas de las razones por las que la amabilidad y la asertividad son muy diferentes, pero también por qué la asertividad no es necesariamente lo contrario de la amabilidad.

La gente amable no tiene éxito. En general, el cristianismo moderno se basa en principios que incluyen el perdón, la compasión y la caridad. Esas son buenas cualidades. Son las que la mayoría de la gente considera agradables. Sin embargo, la enseñanza Cristiana también llegó a equiparar la cualidad de ser agradable como lo opuesto a tener éxito. Para tener éxito, no se podía ser amable y, a la inversa, las personas amables no tenían éxito. Por ejemplo, perseguir con éxito las ambiciones mundanas se convirtió en la antítesis de la amabilidad. La asertividad consiste, en parte, en aprender a conseguir lo que se quiere y, por eso, también puede considerarse lo contrario de la amabilidad. Esto no es cierto. La asertividad es totalmente compatible con cualidades como el respeto a los demás, la compasión y la empatía. Las personas asertivas tienen más probabilidades de triunfar, pero eso no significa que tengan que ser desagradables. Se puede tener éxito y ser amable a la vez.

Las personas amables son mansas. La Biblia nos dice "*Bienaventurados los mansos, porque ellos heredarán la tierra*" (Mateo 5:5). La mansedumbre se cita a menudo como una cualidad admirable en la Biblia pero, ¿qué es la mansedumbre? Al menos un diccionario actual define manso como "*deficiente en espíritu y valor, sumiso*". [3]"¿Significa eso que hay que ser temeroso y sumiso para ser amable? No. El uso bíblico original de esta palabra se basaba en un significado bastante diferente. Incluía la compasión, pero también la firme adhesión a un curso de acción, incluso ante la adversidad. Ese significado original de manso es absolutamente compatible con la asertividad. El significado moderno de manso, que implica pasividad, no lo es.

La gente buena es aburrida. Esta idea procede de una vía bastante diferente, el movimiento romántico que comenzó alrededor de 1800.

---

[3] Definition from *Merriam-Webster Online Dictionary* (http://www.merriam-webster.com/dictionary/meekness). Retrieved April 15th, 2021.

Poetas como Byron y Shelly y escritores como Sir Walter Scott produjeron una serie de obras populares que introdujeron al "héroe romántico". En ellas se hacía hincapié en que las personas interesantes y emocionantes son espontáneas, emocionales, problemáticas, imprevisibles y cambiantes. Este movimiento tuvo una enorme influencia en todos los aspectos de la creación artística que persiste hasta nuestros días. Como confirmación, intente nombrar un solo protagonista de cine o televisión que no sea un clásico héroe romántico, problemático y rebelde. Hay muy pocos. Lo contrario del héroe romántico es la persona que es firme, fiable, tranquila y coherente. El romanticismo nos dice que las personas así también son aburridas. Está claro que no es así. Piensa en alguien que conozcas y que describirías como "asertivo". ¿Es esa persona aburrida? No.

¿Se puede ser a la vez amable y asertivo? Si utilizas el término agradable para encarnar connotaciones positivas como la compasión, la honestidad, la persistencia y la empatía, es sin duda compatible con la asertividad.

Parte del problema es que la palabra asertividad ha adquirido algunas connotaciones negativas. Mucha gente la toma como sinónimo de agresión, intimidación o simplemente como una forma de describir el egoísmo. Esto no es cierto. La asertividad consiste en aprender a ser fiel a las propias convicciones y en saber cómo comunicarse honestamente sin alienar ni molestar a otras personas.

Asertivo no es lo mismo que agresivo

Uno de los malentendidos más comunes sobre la asertividad es que es lo mismo que la agresión. Es fácil ver por qué. Ambas actitudes implican exponer claramente las propias necesidades y tratar de alcanzar los objetivos. Sin embargo, hay una diferencia fundamental y esencial:

- **Agresión significa perseguir tus propios objetivos sin tener en cuenta a los demás.** Las personas agresivas ignoran por completo el punto de vista de la otra persona, o son despectivas, irrespetuosas o incluso abusivas con los demás. La agresividad puede alienar a otras personas y aumentar el estrés en cualquier situación. Los estudios demuestran[4] que las personas que se comportan de forma agresiva tienen una mayor incidencia de relaciones fallidas y menos apoyo en los grupos sociales y profesionales. Curiosamente, los mismos estudios muestran que las personas agresivas sienten un estrés adicional. A menudo no comprenden el efecto que su agresividad tiene en otras personas y se sorprenden de las reacciones negativas. Pueden reaccionar sintiéndose víctimas, y esto puede hacer que actúen de forma aún más agresiva.

- **La asertividad significa exponer claramente los propios puntos de vista respetando los de los**

[4] *Who's Stressed? Distributions of Psychological Stress in the United States in Probability Samples from 1983, 2006, and 2009*, Sheldon Cohen, *Journal of Applied Social Psychology*, Volume 42, Issue 6, June 2012.

demás. La asertividad significa buscar el compromiso cuando sea necesario y escuchar a los demás. Significa buscar soluciones donde todos ganen, no sólo las situaciones en las que tú prevalezcas. Quizás sea sorprendente que los estudios demuestren que las personas que han aprendido a ser asertivas tienden a sufrir menos estrés, tienen menos conflictos en sus vidas y sufren menos fracasos en sus relaciones[5].

La asertividad es un atributo útil y positivo, mientras que la agresión no lo es. La asertividad se basa en el respeto a los demás, mientras que la agresividad es negativa, divisiva y combativa.

Piensa en una situación en la que hayas participado en una discusión en la que haya habido una diferencia de opinión o incluso un enfrentamiento. Puede tratarse de una situación laboral o de un conflicto personal. ¿Qué has dicho? Los siguientes son ejemplos de declaraciones agresivas que podrías haber dicho:

- Te equivocas.
- No sabes de qué estás hablando.
- Eres un estúpido.
- Si lo hubiéramos hecho como sugerí, habría funcionado.
- La culpa es tuya.
- No lo entiendes.

---

[5] *Finding your voice: Reclaiming personal power through communication*, Jane Downing, Allen & Unwin, 1995.

Lo que todas estas afirmaciones tienen en común es que atacan a otra persona y buscan atribuirle la culpa. Son personales e implican que tú tienes razón y la otra persona está equivocada. Todas ellas son egocéntricas y no tienen en cuenta las opiniones o los sentimientos de la otra persona. Una persona agresiva es ruidosa y desafiante y suele utilizar un contacto visual intenso. También suelen ser malos oyentes que interrumpen, critican y humillan a los demás con frecuencia. Naturalmente, este comportamiento genera respuestas extremadamente negativas en las personas que se ven obligadas a interactuar con ellos. Este comportamiento tiende a hacer que cualquier conflicto se intensifique.

Por el contrario, las siguientes afirmaciones son asertivas:

- ¿Qué hemos aprendido de esto?
- ¿Qué resultados positivos podemos sacar de esto?
- La próxima vez, podríamos...
- ¿Qué crees que debemos hacer?
- La culpa fue mía.

Todas estas afirmaciones hacen hincapié en lo colectivo. Hablan de "nosotros" en lugar de "yo". Tienen en cuenta los puntos de vista de los demás sin dejar de buscar soluciones. No pretenden culpar a nadie, sino encontrar algo positivo que sacar de la situación. La última afirmación es especialmente interesante. A primera vista, admitir que se tiene la culpa no suena nada asertivo. De hecho, parece pasivo. Sin embargo, la capacidad de reconocer y admitir que se ha cometido un error requiere una gran confianza en uno mismo. Esta actitud es también una parte importante de la superación personal.

Si tu sientes que no tienes nada que aprender, no puedes mejorar. Los errores y los fracasos proporcionan algunas de las mejores oportunidades de aprendizaje. Las personas asertivas pueden admitir que cometen errores sin perder el respeto. Las personas agresivas nunca admitirán que han cometido errores y siempre tratarán de culpar a otras personas. Las personas agresivas no aprenden de los errores.

Esperamos que ahora puedas ver claramente la diferencia entre agresión y asertividad. Mientras te esfuerzas por aumentar tu asertividad, debes evitar caer en la agresividad.

Para distinguir la diferencia, pregúntate si tus acciones mejoran la situación y conducen a soluciones. Si lo hacen, probablemente estés siendo asertivo. Si tus acciones consisten en culpar a los demás, quedar bien y hacer infelices a los demás, probablemente estés siendo agresivo.

También debes evitar la agresividad porque es contraproducente. Las personas agresivas que utilizan tácticas de intimidación pueden parecer que consiguen lo que quieren, pero esa estrategia rara vez es sostenible a largo plazo.

La agresión provoca respuestas negativas. Nadie quiere pasar tiempo con una persona agresiva, y esas personas suelen acabar excluidas e ignoradas. Las personas asertivas también son capaces de conseguir sus objetivos, pero lo hacen sin alienar a los demás.

La asertividad es positiva y centrada en la solución, y provoca respeto. La agresividad es negativa. Suele tener su origen en la inseguridad y la ansiedad, y provoca antipatía y evasión. Conoce la diferencia y evalúa continuamente tu comportamiento para evitar la agresión.

Los beneficios de ser asertivo

Hay una serie de beneficios reconocidos que se derivan de aprender a ser asertivo. Veamos cuatro de los más importantes.

Mejora de la autoimagen. La imagen personal es un concepto importante para el bienestar mental. Comprende la visión física de uno mismo, lo que se ve cuando se mira en el espejo. Pero también implica cómo te imaginas dentro de tu propia cabeza. Esta es una definición de la imagen personal:

"La autoimagen es la forma en que uno se percibe a sí mismo. Es una serie de impresiones de uno mismo que se han ido acumulando a lo largo del tiempo. Estas autoimágenes pueden ser increíblemente positivas, dando a una persona confianza en sus pensamientos y acciones, o negativas, haciendo que una persona dude de sus capacidades e ideas. [6]"

La imagen de uno mismo a menudo implica compararnos con otras personas. Evaluamos nuestro propio atractivo y éxito percibido mirando a los demás. Esta comparación puede estar desequilibrada por la agresividad, que nos lleva a ver a todos como inferiores a nosotros, o por la pasividad, viendo a todos los demás como

---

[6] *Mountain State Centers for Independent Living*, website http://mtstcil.org/

superiores a nosotros. Ninguna de las dos cosas es útil o saludable.

La asertividad te permite comunicar tus propias necesidades y preferencias, pero también te anima a considerar los mismos sentimientos en los demás. Esto te ayuda a ver que las necesidades de los demás son diferentes a las tuyas. Esta capacidad, a su vez, te ayuda a aceptar que no puedes complacer a los demás todo el tiempo y que tus propias necesidades son relevantes e importantes. Eso te lleva a tener una imagen más equilibrada de ti mismo.

Mejora de la autoestima. La imagen de uno mismo es cómo nos vemos. La autoestima se refiere a cómo nos sentimos con esa imagen. La autoestima tiene que ver con el respeto que nos tenemos a nosotros mismos y con la valoración de nuestros propios sentimientos y opiniones. La asertividad nos enseña que tenemos derecho a esos sentimientos y nos enseña a expresarlos. La asertividad también nos lleva a comprender que nuestras opiniones tienen valor aunque otra persona no esté de acuerdo con ellas.

Las personas complacientes tienen una autoestima tan baja que temen expresar sus opiniones. Este miedo se debe en parte a la preocupación de que decir lo que sienten haga infelices a los demás. En parte se debe a que creen que lo que sienten no tiene valor y no vale la pena expresarlo. Aprender a ser asertivo aumenta la autoestima.

Mejora de la comprensión de los demás. Las personas complacientes tienen muy poca comprensión real de las necesidades o los sentimientos de los demás. Sus interacciones son superficiales y se basan únicamente en responder de forma que haga feliz a la otra persona. Por lo general, esto significa estar de acuerdo y no lograr una comprensión profunda de lo que siente esa persona.

Las personas asertivas no se limitan a estar de acuerdo todo el tiempo. Aunque pueden seguir apoyando, también pueden cuestionar las creencias y sugerir comportamientos alternativos. Las personas asertivas también entienden que otras personas pueden tener opiniones diferentes y pueden tomar decisiones conscientes sobre los sentimientos. Las personas asertivas tienden a comprender mejor sus propios sentimientos y esto las hace más capaces de reconocer y comprender estos sentimientos en otras personas. Las personas asertivas suelen tener muchas más posibilidades de desarrollar relaciones honestas y de apoyo mutuo.

Mejora de la energía. Las personas agresivas ven a los demás como una amenaza y pierden tiempo y energía en conflictos innecesarios. Las personas pasivas evitan todo tipo de conflicto, pero suelen dedicar tiempo a la culpa. Ambas actitudes consumen energía mental que podría emplearse mejor en acciones positivas.

Las personas asertivas se centran en las soluciones. Saben lo que quieren y saben cómo comunicar esta necesidad. Sin embargo, no ven las diferencias de opinión o incluso el conflicto como un ataque personal, y buscan la resolución a través de la acción. Ser demasiado pasivo o agresivo hace que se desperdicie energía mental en tratar problemas imaginarios. Ser asertivo te ayuda a ver y centrarte en lo que realmente importa y a gastar tu energía de forma inteligente.

Una vez que se entiende lo que es la asertividad, se pueden ver los beneficios que aporta. Sin embargo, muchas personas reaccionan a este conocimiento casi con desesperación. Pueden ver los beneficios, ¡pero no son asertivos! Sienten que han nacido pasivos y que no pueden hacer nada al respecto. Afortunadamente, esto es simplemente un malentendido. La asertividad comprende un conjunto de habilidades que cualquiera puede aprender.

La asertividad como habilidad aprendida

Muchas personas rechazan la idea de aprender a ser más asertivas alegando que son pasivas o agresivas por naturaleza. En la segunda parte de este libro, te daremos habilidades y técnicas que puedes utilizar para aumentar tu asertividad. Lo importante es aceptar en este momento que tu forma de ser no es fija ni innata.

Tanto si eres pasivo como agresivo, no naciste así. Has aprendido ese comportamiento. Los seres humanos tienen una necesidad de aceptación social. En los primeros tiempos de la raza humana esa necesidad era esencial. Solo, no era posible construir un refugio, encontrar suficiente comida o cazar. Sólo como parte de un grupo se podía sobrevivir. Ya no luchamos contra gatos con dientes de sable ni, en general, nos preocupamos por la supervivencia diaria. Sin embargo, nuestra necesidad de ser aceptados por un grupo es igual de fuerte.

Ningún niño nace agresivo o pasivo. Son comportamientos que aprendemos a medida que crecemos y buscamos congraciarnos con un grupo. Algunos niños aprenden a intimidar a los que les rodean, mientras que otros se vuelven sumisos con la esperanza de que eso les haga caer bien al grupo. Ninguna de las dos es una buena estrategia a largo plazo, pero parecen ofrecer un acceso instantáneo a un grupo.

A medida que crecemos, estos sentimientos se refuerzan. Seguimos sintiendo la necesidad de ser aceptados por compañeros, amigos y parejas. Muchas personas se quedan estancadas en la misma forma de hacerlo, ya sea mediante la agresión o la sumisión. Sin embargo, el acceso a grupos sociales más grandes y complejos hace que estas técnicas sean menos eficaces. Un peleón agresivo puede ser capaz de hacer que otros niños hagan lo que él quiere en el patio de recreo, pero ese mismo enfoque no funcionará bien en un entorno adulto.

Por lo tanto, cuando afirmas que eres pasivo por naturaleza, eso no es realmente cierto. Es algo que has aprendido con el tiempo como estrategia para poder llevarte bien con otras personas. Tu imagen de ti mismo se ha distorsionado. Al igual que hay trastornos mentales relacionados con la forma en que vemos nuestro ser físico, como el Trastorno Dismórfico Corporal (TDC), hay distorsiones en la forma en que percibimos nuestra valía y nuestro valor.

Llegar a ser asertivo implica enfrentarse a esas distorsiones de la imagen de uno mismo y aprender a aceptar que tus necesidades y sentimientos tienen valor e importancia. El simple hecho de utilizar las técnicas de asertividad puede ayudar a superar esas distorsiones. Al reconocer tus sentimientos y comunicárselos a los demás, puedes desarrollar nuevas vías mentales, o nuevas formas de pensar que sean positivas y útiles.

Si sientes que te falta asertividad, acepta que esta deficiencia no es una faceta fija de tu personalidad. Has aprendido a ser así. Afortunadamente, también puedes desaprenderlo. No será fácil y llevará tiempo, pero puedes cambiar tu forma de pensar y de comportarte para ser más asertivo.

Capítulo 3: ¿Te perjudican tus creencias?

Todos tenemos creencias que rigen nuestro comportamiento. Se trata en gran medida de respuestas automáticas y habituales a las circunstancias, y a menudo ni siquiera somos conscientes de que determinadas creencias nos hacen actuar de determinada manera. A veces, pueden ser creencias *tóxicas* autolimitantes y autodestructivas que socavan lo que intentamos conseguir.

En este capítulo examinaremos algunas de las creencias más tóxicas. Cuando estés leyendo, piensa si se aplican a ti. Más adelante, ofreceremos técnicas y enfoques específicos para tratar estos temas.

La necesidad de complacer

Enseñamos a los niños la importancia de compartir y tener en cuenta las necesidades de los demás. Aprender sobre la compasión y la generosidad son partes importantes del desarrollo como persona, pero a veces, esta enseñanza puede llevar a la creencia de que es egoísta valorar las propias necesidades. También puede llevar a basar nuestra imagen y autoestima enteramente en lo mucho que complacemos a los demás.

Somos criaturas sociales y aprender a preocuparse por los demás es importante. Pero si la necesidad de agradar se vuelve dominante, puede sesgar nuestra forma de pensar y llevarnos a ver todo lo que hacemos en términos de cómo afecta a otras personas, y no de lo que hace por nosotros.

En casos extremos, las personas que sufren este tipo de pensamiento distorsionado se sienten responsables de la felicidad de los demás. Si alguien es infeliz, estas personas se sienten culpables porque se creen de alguna manera responsables de esa infelicidad. Esta culpa puede ser un poderoso motor de la conducta, incluso cuando no se basa en ninguna realidad objetiva. Cuando se combina con un sentimiento de culpa adicional cuando uno se pone ocasionalmente en primer lugar, este estrés puede conducir a problemas de salud mental.

Las personas afectadas por una necesidad extrema de complacer también tienden a tener relaciones pobres. Las relaciones normales y sanas implican dar y recibir por ambas partes. Las personas que complacen están completamente comprometidas con la felicidad de la otra persona. Este enfoque puede parecer que debería funcionar, pero casi nunca lo hace. La otra persona de la relación suele considerar la sumisión y la necesidad de complacer como algo rutinario. Rara vez respetará a la otra persona y, por lo general, no agradecerá los intentos de complacer porque se esperan. El complaciente suele sentirse resentido porque sus actos de bondad no parecen ser reconocidos, y puede sentirse culpable por este resentimiento. La relación en sí misma nunca pasará de ser superficial porque la persona que complace a las personas, nunca puede ser honesta por miedo a que esto pueda hacer infeliz a la otra persona.

Querer que las personas importantes de tu vida sean felices es normal y positivo. Sentirse totalmente responsable de la situación e ignorar las propias necesidades es destructivo. Llevada al extremo, la necesidad de complacer puede ser una de las creencias tóxicas más perjudiciales y limitantes.

Inseguridad y dudas sobre sí mismo

Muchas personas sufren una mala imagen de sí mismas y una baja autoestima. Estos sentimientos tienen muchas raíces en las experiencias de la infancia hasta las relaciones anteriores de los adultos, pero pueden socavar casi todo lo que se hace.

Si sientes que no eres merecedor de amor, respeto o incluso de que te quieran, estarás constantemente buscando señales de rechazo. Para evitar la posibilidad de ser rechazado, actuarás de tal manera que nunca harás infelices a los demás. Crees que la única manera de asegurarte de que la gente te quiera es complacerla constantemente.

Nunca te sientes capaz de hacerte valer porque esa apertura podría molestar a los demás. Y, si no están contentos, sientes que es más probable que te rechacen. Te vuelves completamente sumiso porque parece ser la única manera de seguir recibiendo amor y afecto.

Las personas que sufren de inseguridad y desconfianza son incapaces de disfrutar de relaciones normales y saludables. Están constantemente en guardia para detectar signos de rechazo o desaprobación y los ven en todas partes, incluso en los comentarios y acciones más inocuos. Se obstinan y se vuelven aún más sumisos en un intento de volverse indispensables para la otra persona. Estas son las personas a las que nos referimos cuando utilizamos términos como "*pegajoso*".

Las personas inseguras están emocionalmente necesitadas y necesitan constantemente seguridad. Esas exigencias se convierten en una prueba y su falta de voluntad para ser sinceros limita sus relaciones al nivel más superficial. La inseguridad y las dudas sobre uno mismo pueden minar cualquier relación.

La necesidad de ser bueno

Cuando somos niños, nos enseñan que ser "buenos" es una parte central de cómo somos considerados y valorados por los demás. No hay mayor elogio para un niño pequeño que le digan que ha sido bueno. Ser bueno significa, por lo general, complacer a los demás haciendo lo que se nos pide y mostrando generosidad y compasión por los sentimientos de los demás.

Todos estos atributos son positivos y constituyen una parte importante para que los niños aprendan a salir del egoísmo innato de los más pequeños. Sin embargo, estas creencias pueden distorsionarse cuando cualquier enfoque en el yo se equipara con lo "malo".

Cuando esto sucede, surge la creencia de que la única manera de ser una buena persona es complaciendo a los demás. Esta creencia se traduce en la presunción de que, si eres desinteresado todo el tiempo e ignoras por completo tus propios sentimientos para centrarte en las necesidades de los demás, eso es bueno. Si además te sientes culpable por aceptar y actuar según tus propias necesidades, corres el riesgo de desarrollar una visión muy distorsionada del mundo y de tu lugar en él.

Tus necesidades y sentimientos son reales. Tienes derecho a buscar la felicidad tratando de satisfacer esas necesidades. Ignorar por completo estos sentimientos no te convierte en una buena persona. Por el contrario, te convierte en una persona que ha perdido completamente el contacto con sus verdaderas creencias fundamentales. El egoísmo total no es saludable, es negativo. Cierto grado de autoestima y de interés propio no sólo es normal, sino que es una parte central del bienestar mental.

Miedo a la confrontación y a la sumisión

A pocas personas les gusta el conflicto, pero para algunas, el miedo a cualquier forma de confrontación puede llegar a ser tan paralizante que inhibe todo lo que hacen. Hay muchas razones para ello, y van desde las experiencias de la infancia hasta las relaciones pasadas, pasando por el miedo a molestar a la gente o la sensación de que tu opinión no vale nada. Sea cual sea la causa, si el miedo a la confrontación se deja crecer sin control, puede convertirse en un problema importante.

La confrontación no significa necesariamente una pelea o incluso un desacuerdo. Para algunas personas, cualquier conversación que implique niveles elevados de emoción puede parecer una confrontación. Consideran que una emoción elevada conlleva un riesgo de ira, infelicidad y rechazo.

Se las arreglan haciendo todo lo necesario para evitar la confrontación. En cuanto alguien muestra el primer signo de emoción, se vuelven sumisos y hacen todo lo posible para recuperar la calma.

El problema es que, por muy sumiso y complaciente que sea un individuo, es inevitable que se produzca algún nivel de confrontación.

Los seres humanos son individuos con sus propias necesidades, motivaciones y deseos. Estas diferencias hacen que algún nivel de confrontación sea seguro tanto en el ámbito personal como en el laboral.

No puedes ser tan sumiso como para evitar la confrontación con todo el mundo todo el tiempo. Un cierto nivel de desacuerdo y confrontación forma parte de la interacción social normal. A menos que aprendas a desarrollar estrategias para lidiar con la confrontación, sufrirás ansiedad y estrés constantes.

¡Ser asertivo es desagradable!

Una barrera importante que impide a las personas intentar ser más asertivas es la noción de que esta cualidad es de algún modo desagradable. Piensan que es algo insensible y grosero decir lo que se quiere y totalmente egoísta proponerse conseguirlo.

Después de haber leído hasta aquí, deberías entender que esto es una falacia. La asertividad significa aprender a valorar y comunicar tus propios sentimientos y necesidades, pero adoptar ese enfoque no significa que vayas a ignorar lo que sienten los demás a tu alrededor. La vida es una cuestión de compromiso, y la asertividad te proporciona las habilidades y técnicas necesarias para asegurarte de que abordas todo lo que haces de forma equilibrada y positiva.

No es malo tener en cuenta los propios sentimientos. Ser una persona equilibrada y capaz empieza por estar en pleno contacto con tus propias creencias fundamentales. Hacer esto te da un enfoque y unos objetivos hacia los que trabajar. Sin esos objetivos, estarás perdido y a la deriva en un mundo de incertidumbre e inseguridad. Con objetivos claros, sabrás quién eres y qué te hace feliz.

Ser asertivo no es desagradable. Se trata de descubrir quién eres y aprender a expresar esos valores de forma que los demás los entiendan y respeten. Tu deseo de ayudar y apoyar a otras personas no es incompatible con la asertividad. Ser asertivo te convertirá en una persona más feliz y completa. A largo plazo, eso hace que estés más dispuesto a ayudar a los demás, no menos.

¡No es mi culpa!

Hay una creencia tóxica que está muy extendida. Se trata de la sensación de que otras personas son responsables de tu felicidad. Eso es falso. Un elemento fundamental de la asertividad y la buena salud mental es aceptar que sólo tú eres responsable de tu propia felicidad.

La felicidad es una emoción. No es simplemente una reacción a los acontecimientos externos. La felicidad se basa en tu percepción de esos acontecimientos. Ninguna otra persona puede cambiar esa percepción por ti o mejorarla. *"Encontrar a alguien que te haga feliz"* es un consejo habitual, pero es fundamentalmente erróneo. Otras personas no pueden hacerte feliz, aunque sí pueden hacerte infeliz.

La felicidad sólo existe dentro de tu propia mente. Por lo general, proviene de acciones y experiencias que se alinean con tus valores internos.

Cuando encuentres las experiencias que te hacen feliz, puede que tengas la suerte de encontrar a otra persona que comparta los mismos valores y que se sienta feliz con las mismas experiencias. Estos sentimientos compartidos son una base sólida para cualquier amistad o relación.

Tu relación con otras personas se basa en tu relación contigo mismo. Si te sientes resentido, culpable, inseguro o ansioso, esos sentimientos se proyectarán en todas tus relaciones.

Si te sientes satisfecho contigo mismo y comprendes lo que realmente te hace feliz, serás mucho más capaz de establecer relaciones satisfactorias. La felicidad no es sólo una vaga aspiración. Es la base de una vida plena. Buscar la felicidad es una elección que haces. Asume la responsabilidad de esa elección.

Capítulo 4: ¿Te perjudica el comportamiento de los demás?

En el último capítulo, vimos cómo algunas de tus propias creencias pueden afectar a tu capacidad para vivir una vida satisfactoria y tener relaciones satisfactorias. Tener creencias positivas en uno mismo es importante, pero el trabajo y las relaciones personales implican a otras personas, y sus creencias también pueden tener un impacto significativo en cómo te sientes.

En este capítulo, veremos algunos comportamientos comunes, pero poco útiles que puedes encontrar en otras personas. Verás que cuanto más sufras de las creencias tóxicas detalladas en el capítulo anterior, más vulnerable serás al comportamiento manipulador de otras personas. Más adelante, te diremos cómo lidiar con estos comportamientos, pero por el momento, lee este capítulo y ve si puedes identificar alguno de estos rasgos en personas que conoces.

Manipulación de la culpa

Algunas personas parecen ser expertas en explotar tu sentimiento de culpa y utilizar esas emociones para conseguir que hagas lo que ellos quieren. Utilizar el sentimiento de culpa de esta manera, "culpabilizar", está reconocido como una forma de manipulación emocional. Algunos psicólogos van más allá y lo identifican como una forma de intimidación o incluso de abuso. ¿Cómo puedes reconocer cuando alguien está utilizando la culpa para manipularte?

Empecemos por definir lo que entendemos por culpa. Las palabras "*culpa*" y "*vergüenza" se* utilizan a menudo indistintamente en la conversación, pero cuando se utilizan como términos psicológicos, son diferentes. La vergüenza es una reacción interna basada en la falta de conformidad con la imagen que tenemos de nosotros mismos. La culpa es el arrepentimiento por cómo hemos tratado a otra persona. Imagina que estás en una reunión social y dices algo deliberadamente hiriente a alguien. Puede que sientas vergüenza porque te gusta imaginar que no eres el tipo de persona que hace eso. También te sientes culpable por el dolor que has causado a la otra persona. La vergüenza se basa totalmente en nuestros propios valores internos, que pueden no ser fácilmente evidentes para alguien en el exterior. La culpa es más fácil de manipular porque surge de circunstancias externas.

En el ejemplo anterior, es normal sentirse culpable por ser hiriente. Ese sentimiento no está causado por la manipulación. La manipulación se produce cuando alguien trata de hacerte sentir culpable por algo que realmente no es tu culpa. Intentan engendrar un falso sentimiento de culpa tratando de hacerte sentir responsable tanto de cómo se sienten ellos como de hacerles más felices. Esta estrategia es más eficaz cuando el manipulador está emocionalmente cerca de ti, un amigo o un familiar, por ejemplo. Hay varias técnicas que se utilizan para manipular la culpa.

La táctica más común es que otra persona intente hacerte sentir responsable de su infelicidad. Debes preguntarte si tus acciones (o tu inacción) son responsables de cómo se siente esa persona. Si lo son, el sentimiento de culpa es una respuesta razonable. Sin embargo, si su infelicidad no se debe a nada de lo que has hecho, puede intentar provocar sentimientos de culpa para que hagas lo que quiere. Esto es más efectivo si tu eres una persona complaciente que se ve a sí mismo como responsable de la felicidad de todos. Los provocadores de culpabilidad son muy buenos para identificar y atacar a las personas complacientes. Da un paso atrás y analiza la situación. ¿Eres responsable de la infelicidad de esa persona? Si no es así, ¿decidirás ayudarla? Si lo haces, está bien, siempre que estés seguro de que no estás siendo manipulado por un falso sentimiento de culpa.

Otra táctica común es utilizar esta frase: "¡Recuerda lo que hice por ti!" En esta situación, el manipulador se referirá a casos pasados en los que te ayudó. Esta ayuda puede ser real o imaginaria y, a primera vista, es una táctica difícil de resistir. Parece perfectamente razonable que la persona te esté recordando un acontecimiento pasado y dejando claro que espera que tú le devuelvas el favor. Pero tómate un momento para pensar en ello. ¿Es realmente cierto lo que la persona afirma? ¿Te proporcionó ayuda o apoyo cuando lo necesitabas? Las personas que utilizan la manipulación de la culpa para conseguir lo que quieren suelen ser inseguras y necesitadas, y no suelen hacer amigos, colegas o parejas que les apoyen. Así que, si consideras la situación de forma objetiva, puede que veas que su afirmación carece de mérito.

Incluso si alguien te ha prestado ayuda en el pasado, debes cuestionar por qué se refiere a eso. Una persona que realmente te presta ayuda por razones positivas no lo hace esperando que tú hagas lo mismo por ella. Tampoco te recordará la ayuda del pasado para que hagas lo que quiere. Si alguien utiliza esta técnica, es casi seguro que está intentando utilizar tu sentimiento de culpa para manipularte.

Los manipuladores de la culpa también pueden utilizar esta táctica para tratar de desviar la atención de algo que han hecho cambiando la base de la discusión. Por ejemplo, imagina que te encuentras con una serie de correos electrónicos de tu pareja que son más que ligeramente coquetos. Te enfadas y enfrentas a tu pareja. En lugar de discutir el contenido de los correos electrónicos, dice estar indignado por esta invasión de su privacidad. Intenta culparte a ti y, de paso, desviar el debate sobre su propio comportamiento.

Cada vez que te encuentres ante un torturador de culpas, hazte una sencilla pregunta: ¿has hecho algo por lo que debas sentirte culpable? En otras palabras, ¿han sido tus acciones u omisiones las que han provocado la infelicidad de esa persona? Si eres directamente responsable, entonces esa persona puede estar completamente justificada al decirte cómo se siente y esperar que respondas. Si no eres responsable, pero la persona sigue tratando de hacerte sentir culpable, quizás estés tratando con un torturador de culpas. Esa situación no significa que no puedas ofrecerle apoyo, pero sí que puedes estar en guardia contra la manipulación.

Chantaje emocional

El chantaje emocional es un término que la mayoría de la gente ha oído, pero ¿qué significa? Esta frase existe desde los años 40[7], aunque fue popularizada a finales de los 90 por la psicoterapeuta Susan Forward en su libro *Chantaje emocional: When the People in Your Life Use Fear, Obligation, and Guilt to Manipulate You*. En este libro, Forward describe el uso de lo que ella llama FOG (miedo, obligación y culpa, por sus siglas en inglés) para manipular a las personas en las relaciones. El chantaje emocional es ahora un término ampliamente aceptado para describir la dinámica transaccional de ciertas relaciones.

El chantaje emocional consiste en que otra persona utilice tus propios sentimientos para manipularte. Esta táctica puede ser similar a la manipulación de la culpa, pero también utiliza otros sentimientos. Se llama chantaje porque suele adoptar la forma de una amenaza, con alguien diciendo (o al menos insinuando): "*Haz lo que quiero o sufre las consecuencias*". Forward describe cuatro formas diferentes que pueden adoptar esas amenazas.

La amenaza del castigador es probablemente la forma más común y obvia de chantaje emocional. Los castigadores utilizan amenazas abiertas para conseguir lo que quieren. Pueden ser agresivos, y su amenaza suele adoptar la forma de "*Si haces X, haré Y*". Las sanciones que imponen los

---

[7] *Emotional Blackmail Climate*, Journal of the National Association of Deans of Women, 1947.

castigadores pueden incluir la retirada del afecto físico, el "tratamiento silencioso", el abandono o incluso la violencia física. Los castigadores son la encarnación de la filosofía "todo a *mi manera*". Quieren una relación que esté completamente en sus términos o ninguna relación. Los castigadores suelen utilizar amenazas explícitas y el miedo a las consecuencias reales o imaginarias para conseguir lo que quieren: "*Si no haces lo que quiero, te dejaré*". Como suele ser obvia, la amenaza del castigador es una de las formas de chantaje emocional más fáciles de reconocer.

La **amenaza del autocastigador** es similar, pero utiliza una base diferente para manipular tus sentimientos. En lugar de basarse en el miedo, el autocastigador invoca tu sentimiento de culpa para manipularte. Al igual que el castigador, el autocastigador utiliza afirmaciones basadas en "*Si haces X, yo haré Y*", pero en lugar de amenazas destinadas a evocar el miedo, las consecuencias se presentan como perjudiciales para el manipulador. "Si no vas a *la fiesta conmigo, me deprimiré*" o "*Si me dejas, me suicidaré*". El autocastigador a menudo sufre de una falta de autoestima, y puede creer realmente que tú eres responsable de su felicidad. Pueden negarse a asumir la responsabilidad de su propia vida. Pueden ser necesitados. Jugarán con tu sentido de la responsabilidad para conseguir lo que quieren. Los autocastigadores están desesperados por tomar el control de las relaciones, y recurrirán a los medios más dramáticos para lograrlo. Los autocastigadores rara vez son sutiles y, al igual que los castigadores, suelen ser fáciles de identificar.

El **que sufre** es similar al que se autocastiga, pero en lugar de amenazar con consecuencias basadas en factores internos, afirma que, a menos que hagas lo que ellos quieren, se verán afectados por factores externos negativos. Por ejemplo, imagina que ves a un amigo coqueteando con alguien que no es su pareja. El amigo se da cuenta de que lo has visto y utiliza la amenaza: "*Si se lo dices a mi pareja, se arruinará nuestra relación*". Al igual que las demás formas de chantaje emocional, esta manipulación busca transferirte la responsabilidad. En este ejemplo, intenta que te sientas responsable de la continuación de una relación y de la felicidad de la persona implicada. Una cosa notable de esta forma de chantaje emocional es que puede ser difícil de identificar. Los castigadores y autocastigadores son fáciles de detectar porque hacen amenazas abiertas. Los castigadores pueden no decir abiertamente lo que piensan. Pueden basarse en el lenguaje corporal o en la falta de afecto para hacer saber cómo se sienten. A veces, parece que los afectados esperan que tu seas capaz de leer su mente, y se enfadan y frustran cuando no puedes hacerlo.

El **tentador** es el más sutil de todos los chantajistas emocionales. En lugar de utilizar la amenaza de sentimientos negativos, como el miedo y la culpa, para conseguir lo que quieren, este tipo de chantajista utiliza vagas promesas de futuras recompensas. Puede parecer que prometen una relación perfecta, una carrera deslumbrante o una recompensa que proporcionará gratificación emocional, financiera o física. Establecen una serie de pruebas que hay que superar para recibir la recompensa. La serie de pruebas se alarga cada vez más, y la recompensa prometida se aleja cada vez más. Los tentadores no cumplen. Nunca tienen la intención de proporcionar la recompensa que parecen ofrecer. Es simplemente una forma de utilizar tu esperanza y expectativa para conseguir lo que quieren.

Es importante poder reconocer los cuatro tipos principales de chantaje emocional. Sin embargo, no hay que asumir que los cuatro están separados. No hay límites firmes entre estas formas de chantaje, y una persona manipuladora puede utilizar las cuatro formas de chantaje para conseguir lo que quiere.
Independientemente de la forma que se utilice, el proceso de chantaje emocional suele seguir seis pasos distintos:

- **Demanda**. Hay algo que el chantajista quiere. Este objetivo puede ser intangible y emocional (más afecto, más amor), o puede ser concreto y físico (un coche nuevo, un ascenso laboral).

- **Resistencia**. El sujeto del chantaje no se siente cómodo proporcionando lo que el chantajista quiere.
- **Presión**. El chantajista ejerce presión para conseguir lo que quiere.
- **Amenaza**. El chantajista utiliza el miedo o la culpa, o en el caso del tentador, la promesa de una recompensa, para aumentar la presión sobre el sujeto.
- **Conformidad**. El sujeto cede y proporciona al chantajista lo que quiere.
- **Repetición**. Tras descubrir que esta técnica consigue lo que quiere, el chantajista la utilizará una y otra vez.

El chantaje se utiliza para presionar y hacer que actúes de forma que te sientas incómodo e incluso que vayas en contra de tus valores fundamentales. Por eso, ceder al chantaje emocional hace que te sientas mal contigo mismo y afecta a tu autoestima y a tu imagen. Debes estar atento a las técnicas que utilizan los chantajistas emocionales. Una vez que aprendes a reconocerlas, es más fácil defenderse de ellas.

Comportamiento pasivo-agresivo

Ser asertivo y utilizar una comunicación emocional abierta no es fácil. Muchas personas intentan conseguir sus objetivos no siendo abiertamente asertivas, sino utilizando un comportamiento indirectamente agresivo, ocultando los sentimientos negativos bajo un lenguaje aparentemente positivo. Esta estrategia conduce a una desconexión básica entre lo que una persona siente y lo que dice. El término *pasivo-agresivo* se utilizó por primera vez durante la Segunda Guerra Mundial para describir a los soldados que encontraban formas de no cumplir las órdenes, aunque no se negaban directamente a obedecer.

Las personas que muestran este comportamiento pueden haber vivido una infancia en la que no se fomentaba la expresión de las emociones o en la que cualquier forma de desacuerdo se consideraba una amenaza. Puede que simplemente aprendan este comportamiento de adultos, descubriendo que les ayuda a conseguir lo que quieren mientras evitan la confrontación directa. Las personas pueden ser pasivo-agresivas sólo en determinadas situaciones. Por ejemplo, una persona puede comportarse así en el trabajo, pero no en sus relaciones personales.

Las personas que sufren este comportamiento a menudo no lo reconocen como un problema. Lo ven como una forma de evitar conflictos o de herir los sentimientos de los demás. Pueden justificarlo como una forma de negar posibles problemas en el trabajo, donde una simple negativa a hacer algo puede tener graves consecuencias. Todo el mundo puede comportarse así a veces. Todos hemos estado en una situación en la que nos gustaría decir algo, pero no lo hacemos, a menudo porque queremos evitar el conflicto. Sin embargo, si esto se convierte en la forma habitual de responder al estrés, entonces puede convertirse en un problema.

¿Cómo se puede identificar a una persona que está siendo pasivo-agresiva? La señal más obvia es una clara desconexión entre lo que la persona dice y las señales no verbales que proporciona. "*No, no me importa que llegues tarde*" puede ser lo que dice la persona, pero su evidente impaciencia y sus miradas al reloj demuestran que no es así como se siente realmente. Y cuando añaden: "*Esto me hará llegar tarde a mi próxima reunión, pero supongo que estará bien*," se puede ver que realmente no está bien en absoluto. Sin embargo, todas las formas de comportamiento pasivo-agresivo permiten al usuario el lujo de la "*negación plausible*". Si te enfrentas a ellos directamente, pueden negar que están enfadados.

Un signo clásico de la pasivo-agresión es dejar acciones sin hacer. Ya sea en el trabajo o en casa, la persona pasivo-agresiva rara vez dirá directamente que no quiere hacer algo. En cambio, parecerá estar de acuerdo en hacerlo. Pero, de alguna manera, parece que esa cosa nunca se hace. La persona pasivo-agresiva siempre tendrá excusas para explicar por qué ocurre esto, de modo que, si te enfrentas a ella, puede afirmar que realmente tiene la intención de hacer esa cosa. A menudo, te dirá que la tarea está casi hecha, pero que nunca llega a terminarse. Este rasgo hace que las personas pasivo-agresivas sean empleados, colegas y socios exasperantes. Estarán de acuerdo con cualquier cosa que les sugieras. Pero encontrarán razones para no hacerlo sin tener que enfrentarse directamente a sus propios sentimientos de ira, dolor o frustración.

Uno de los factores que hace que este comportamiento sea tan difícil de tratar es que la persona que lo sufre puede no ser consciente. Algunas personas pasivo-agresivas se han acostumbrado tanto a ocultar los sentimientos negativos que casi parecen haber olvidado que los experimentan. Si se le pregunta, una persona pasivo-agresiva casi siempre negará que siente, por ejemplo, ira, incluso cuando su lenguaje corporal y otras señales no verbales hagan evidente que está enfadada. ¿Cómo puedes estar seguro de que alguien está siendo pasivo-agresivo?

Una de las formas clásicas de este comportamiento es retirar el contacto. O, como se conoce en los niños, el enfurruñamiento. Si has hecho algo que no le gusta a la persona pasivo-agresiva, puede ignorarte por completo. Este comportamiento puede ir desde el silencio hasta una falta de contacto visual menos obvia y un fallo "*accidental*" a la hora de saludarte o incluirte en las conversaciones. Este último enfoque es más popular porque, si se le cuestiona, la persona pasivo-agresiva podrá negar que le haya ignorado en absoluto.

Las personas pasivo-agresivas también son maestros del insulto sutil. Se trata de un ataque a tu punto débil que está tan disfrazado que, si es necesario, puede negarse o incluso presentarse como un cumplido. Después de todo, ¿qué hay de malo en decir: "*Eh, qué bien te queda. Las rayas adelgazan mucho*". Excepto que quizás su intención sea llamar la atención sobre tu peso tanto como ser un verdadero cumplido. Uno de los aspectos más difíciles de tratar con una persona que es pasivo-agresiva es que es muy difícil confrontarla con lo que está haciendo. Todas sus acciones están cuidadosamente diseñadas para ser negables y, en muchos casos, ni siquiera son plenamente conscientes de lo que están haciendo.

Pero, al igual que los otros comportamientos descritos en este capítulo, el comportamiento pasivo-agresivo tiene que ver, en última instancia, con el control. En concreto, se trata de conseguir lo que quieres sin la tensión del conflicto o la honestidad de la asertividad.

Tomadores tóxicos

El último tipo de comportamiento del que debes cuidarte es el del tomador tóxico. Esta es la persona que tomará de ti todo lo que pueda, simplemente porque se siente con derecho a hacerlo. Te quitará tu tiempo y tu energía, esperará que le hagas favores y, a cambio, no dará más que resentimiento y negatividad.

El término "*tomadores tóxicos*" fue utilizado por primera vez por el psicólogo organizacional y columnista del New York Times Adam Grant [8]. Grant describe las tres orientaciones de las que todos somos capaces: los dadores, los tomadores y los igualadores. Los dadores ofrecen apoyo y estímulo sin esperar nada a cambio. Los igualadores proporcionan apoyo, pero esperan ser apoyados a cambio. Los tomadores aprovechan las oportunidades para sí mismos, acaparan los escasos recursos, se llevan todo el mérito del éxito y roban las ideas. Esto crea una atmósfera tóxica de desconfianza y competencia. Por eso se les conoce como "tomadores tóxicos".

Los tomadores tóxicos existen en el lugar de trabajo y en otros lugares. Algunas personas pueden ser tomadores tóxicos en un lugar y actuar de forma diferente en un entorno distinto. Los tomadores tóxicos son un peligro especial para las personas poco asertivas. Los tomadores

---

[8] *Successful Givers, Toxic Takers, and the Life we Spend at Work*. On-line discussion between Adam Grant and *On Being* host Krista Tippet. https://onbeing.org/programs/adam-grant-successful-givers-toxic-takers-and-the-life-we-spend-at-work/ Original Air Date, October 2015.

tóxicos pueden ser colegas, hermanos, amigos, vecinos o conocidos. Lo que tienen en común es un sentimiento de derecho, de que tienen derecho a beneficiarse de tu experiencia y de los resultados de tu duro trabajo.

El tomador tóxico suele presentarse como alguien que es muy consciente de sus propios defectos. Puede parecer entrañablemente malo en todo lo que hace. Su conversación es autodespectiva y se centra en sus fracasos e incapacidades. Al principio, eso no parece tan malo. Pero luego empiezas a notar que sólo quieren hablar de sí mismos, nunca de ti. Y te das cuenta de que te piden ayuda constantemente. Cuando les das esa ayuda, no sólo no la reconocen, sino que a veces hacen pasar por suyo lo que les has ayudado a hacer.

Si se le da aún más tiempo, puede darse cuenta de algo más. En realidad, no le gustas mucho a esa persona tóxica. Le molesta tu aparente éxito y el hecho de que necesite tu ayuda. No sólo tomarán todo lo que puedas dar, sino que incluso pueden estar trabajando para influir en lo que otras personas piensan de ti. Los tomadores tóxicos se presentan en cuatro formas distintas.

El primer tipo de tomador tóxico es la persona que sólo pasa tiempo contigo cuando quiere algo. Esa persona que pasa el tiempo charlando en tu mesa en el trabajo, pero te ignora en las reuniones sociales puede ser un tomador tóxico. ¿Sólo acuden a ti en el trabajo porque quieren ayuda con la impresora o para obtener ideas para su último informe? En un entorno social, puede que no haya nada que quieran de ti, así que no se molestarán en pasar tiempo contigo.

El segundo tipo de tomador tóxico es la persona que te corresponderá, pero sólo si se ve obligada a hacerlo. Esta persona va a comer contigo regularmente, pero te das cuenta de que siempre eres tú quien paga. Se lo indicas, y la otra persona se ve obligada a aceptar y a pagar. Sin embargo, en el futuro, puedes descubrir que su agenda se ha vuelto repentinamente demasiado ocupada como para encontrar tiempo para almorzar contigo.

El tercer tipo de tomador tóxico te ayudará, pero querrá una recompensa inmediata. Sí, te llevarán a casa, pero te pedirán dinero en efectivo para cubrir el combustible adicional. Incluso puede tratarse de un compañero que recogerá la compra que has olvidado, pero querrá recibir la mitad del dinero en efectivo inmediatamente.

El cuarto tipo de tomador tóxico es el más común. Se trata de personas que pasan tiempo contigo y esperan que les des apoyo y ánimo, pero a cambio no te aportan nada. A veces, parece que este tipo de persona no te conoce en absoluto. Seguramente no sabrán cuándo es tu cumpleaños o tu aniversario, y se sorprenderán cuando les cuentes sobre esas nuevas clases nocturnas a las que vas a asistir (a pesar de que les contaste todo sobre ello y lo emocionado y nervios que estabas la última vez que hablaste). Este tipo de tomador tóxico puede ser difícil de detectar. Sólo cuando te das cuenta de que realmente no escuchan nada de lo que dices, entiendes que no te conocen en absoluto y que les importa aún menos.

Todos los tomadores tóxicos son un problema. Te quitan tiempo, energía y apoyo, y no dan nada a cambio.

Parte 2: Cómo aumentar tu asertividad

En la primera parte de este libro, explicamos con detalle cómo tus propias creencias y las de las personas con las que pasas el tiempo pueden impedirte ser asertivo. Mientras leías, esperamos que hayas identificado cómo estas creencias están impactando en tu vida.

Ahora, es el momento de empezar a hablar de los pasos que puedes dar para solucionar estos problemas. Es hora de que aprendas a ser asertivo.

Haz un test de asertividad

Es útil saber de qué nivel de asertividad se parte. Para evaluarlo, haz el breve test que aparece a continuación. En cada caso, se le presenta un escenario. Elige la respuesta "a", "b" o "c" que represente mejor tu reacción típica. Escribe tus respuestas.

1) **Sales de una tienda y te das cuenta de que la cantidad de cambio que te han devuelto es incorrecta. ¿Qué haces?:**

   a) Simplemente ignóralo. La tienda estaba ocupada. El camarero probablemente se equivocó, y no era una gran cantidad de dinero de todos modos.

   b) Vuelves a la tienda, exiges hablar con el gerente y dile que el camarero te ha engañado.

   c) Vuelve a la tienda, habla con el camarero e indícale que se ha equivocado.

2) **Llevas tu coche al taller para que lo reparen. Te dan un presupuesto del coste, pero cuando vuelves, la factura incluye cargos adicionales por trabajos extra. ¿Qué haces?:**

   a) Pagar la factura sin comentar el trabajo extra.

   b) Negarse a pagar la factura.

   c) Señala que esa cantidad es superior al precio acordado y pide al encargado que te explique el trabajo extra.

3) **Estás viendo un programa de televisión interesante. Tu pareja/amigo/compañero de piso entra y te pide ayuda. ¿Qué haces?**

a) Apaga la televisión y ayuda inmediatamente.

b) Negarse a ayudar porque estás viendo el espectáculo.

c) Explícale que estás viendo el programa y pregúntale si puedes ayudar cuando termine.

4) Un amigo está de visita. Se queda más tiempo de lo previsto, lo que te impide realizar una tarea importante. ¿Qué haces?

a) No digas nada y espera que puedas encontrar algo de tiempo extra para terminar la tarea cuando se vayan.

b) Dile al amigo que tienes algo que hacer y pídele que se vaya para que puedas completar tu tarea.

c) Explícale que hay algo que tienes que hacer y pregúntale si tal vez podéis volver a estar juntos en un momento mejor.

5) Invitas a un amigo a cenar. No llegan y no llaman. ¿Qué haces?:

a) No digas nada, pero la próxima vez que ese amigo te invite a cenar, acepta la invitación, pero no vayas.

b) Reprende a tu amigo y lo criticas en presencia de otras personas.

c) Llama al amigo y pregúntale si tiene algún problema.

6) Estás participando en una discusión sobre un proyecto de trabajo. Un colega te hace una pregunta sobre tu contribución. No sabes la respuesta. ¿Qué haces?

a) Inventa una respuesta que suene plausible y que nadie reconozca como una mentira.

b) Desvía la pregunta haciéndole al colega una pregunta que sabe que le resultará difícil o imposible de responder.

c) Admite que no sabes la respuesta, pero dile al colega que lo averiguarás y te pondrás en contacto con él.

7) Sientes que no le gustas a alguien, pero no se te ocurre ninguna razón para ello. ¿Qué haces?:

a) Preocúpate, pero no digas nada por si ofendes a la persona.

b) Piensa en formas de vengarte de la persona.

c) Confronta a la persona preguntándole si hay algún problema.

En cada caso, "a" representa una respuesta pasiva, "b" una respuesta agresiva y "c" representa un comportamiento asertivo. En cualquier situación, la gente suele reaccionar de una de estas tres maneras. Puedes ver que las respuestas pasivas no aportan soluciones y pueden hacer que te sientas enfadado y frustrado. Las respuestas agresivas pueden obtener resultados a corto plazo, pero también dejarán a otras personas resentidas y enfadadas. Las respuestas asertivas se centran en buscar una solución mientras mantienes tus derechos y proteges tus sentimientos.

A medida que vayas trabajando en esta parte del libro, tus respuestas deberían empezar a cambiar. Tal vez, cuando hayas empezado a poner en práctica algunas de las estrategias para ser más asertivo, quieras volver a mirar este test para ver si tus respuestas han cambiado.

La asertividad es una elección

Tú determinas cómo respondes a los problemas. Las personas pasivas suelen sentir que no tienen elección y se dicen a sí mismas que están obligadas a actuar como lo hacen. En realidad, ser pasivo es una elección. No decir nada es una elección. Aceptar el acoso es una elección. Hacer siempre lo que dicen los demás es una elección. El problema de las personas pasivas es que tienen una visión sesgada de las consecuencias de sus acciones.

Se dicen a sí mismos que es mejor no decir lo que piensan porque, si lo hacen, pueden no gustar a la gente. Se dicen a sí mismos que es mejor no enfrentarse a su jefe porque, de lo contrario, podrían perder su trabajo. Se dicen a sí mismos que es mejor aceptar lo que quiere su pareja porque, de lo contrario, la relación podría terminar. Estas percepciones no son ciertas. Así es como las personas pasivas ven el mundo y estas percepciones son las razones de las decisiones que toman las personas pasivas.

Las personas agresivas también toman decisiones. Han descubierto que la agresión es una forma de cubrir la inseguridad y las dudas sobre sí mismos y que la agresión es una forma de tomar el control. Siguen con su comportamiento intimidatorio y prepotente porque no ven otra forma de conseguir lo que quieren.

Si puedes reconocer la agresión y la pasividad, es de esperar que puedas ver que la tercera alternativa, la asertividad, es el mejor enfoque para ti y para los demás. Pero, al igual que la pasividad y la agresividad, la asertividad es algo que se aprende.

Confianza en sí mismo y asertividad

Existe una relación clara y directa entre la confianza en uno mismo y la capacidad de ser asertivo. Las personas pasivas suelen padecer una falta de confianza en sí mismas y tratan de reforzar esta carencia convirtiéndose en personas complacientes. Ser más asertivo ayudará a aumentar la confianza en uno mismo, pero para ser asertivo hay que tener confianza en uno mismo. ¿Cómo puedes aumentar tu confianza en ti mismo para empezar? Más adelante te proporcionaremos estrategias detalladas para aumentar la confianza en ti mismo, pero mientras tanto, aquí tienes algunos consejos:

> **No te compares con otras personas.** Compararse con amigos, colegas o familiares no es saludable. Es demasiado fácil sentirse inadecuado y envidioso. Un estudio de 2018[9] encontró una relación directa entre la envidia y la autoestima. Cuando te encuentres sintiéndote fracasado porque no eres tan atractivo/exitoso/rico como otras personas, ¡detente! La vida no es una carrera. No estás compitiendo con esas personas, y sus logros no te convierten en un fracaso. Tienes muchos logros de los que estar orgulloso. Céntrate en esos logros y sigue trabajando para conseguir tus objetivos personales.

---

[9] Vrabel JK, Zeigler-Hill V, Southard AC. *Self-esteem and envy: Is state self-esteem instability associated with the benign and malicious forms of envy?* Personality and Individual Differences, 2018.

Aprende a tener autocompasión. No te castigues si cometes un error o no consigues algo. Los fracasos son oportunidades para aprender y las únicas personas que nunca fracasan son las que nunca intentan nada. En lugar de eso, trátate a ti mismo con amabilidad y comprensión, igual que harías si estuvieras tratando con otra persona.

Celebra tus éxitos. Es demasiado fácil caer en la trampa de centrarnos en nuestros fracasos y no reparar en nuestros muchos éxitos. Haz un esfuerzo consciente para tomar nota de las actividades que haces bien. Date una palmadita en la espalda. Reconoce lo que te le da bien.

Prueba algo nuevo. Nuestros cerebros prosperan ante el reto de enfrentarse a cosas nuevas, pero a menudo el miedo nos frena. Intenta probar algo que te dé miedo. Cuando lo consigas, te sorprenderá lo mucho que te sientes más seguro de ti mismo.

Este último punto es muy importante en el contexto de la asertividad. A muchas personas, la idea de aprender una nueva habilidad les pone muy nerviosas. Cuando aprendas las habilidades que necesitas para ser asertivo, descubrirás cuánto aumenta tu confianza en ti mismo.

También puedes aumentar la confianza en ti mismo y la fuerza para enfrentarte a la adversidad desarrollando la fortaleza mental. Al desarrollar la fortaleza mental también mejorarás tu autoconfianza y tu valor para enfrentarte a la adversidad. Al final de este libro descubrirás cómo la fortaleza mental puede ayudarte a desarrollar la confianza en ti mismo y a lograr objetivos como tener más confianza y afrontar los retos que la vida te puede plantear.

Conocer tus propias necesidades

Todos tenemos necesidades, psicológicas y físicas. No todas nuestras necesidades pueden ser satisfechas completamente, todo el tiempo. Darse cuenta de ello forma parte del coste de vivir en una sociedad. A veces debemos dejar de lado nuestras propias necesidades para satisfacer las de los demás. Ese tipo de compromiso es normal y natural.

Las necesidades son importantes. No son autocomplacientes ni simples sueños que sabemos que nunca se harán realidad. Son tus valores fundamentales y, si no se satisfacen constantemente, puedes sentirte frustrado, insatisfecho e incluso deprimido. Es demasiado fácil perder de vista tus propias necesidades, sobre todo si pasas tu tiempo centrado en las necesidades de los demás.

Las necesidades son complejas y diferentes para cada persona. Sin embargo, el conferenciante y autor Tony Robbins ha identificado seis necesidades básicas que todo el mundo comparte:

> **La certeza** tiene que ver con la coherencia, la estabilidad, la seguridad, la protección y el control. Necesitas tener una estructura en tu vida que te dé la seguridad de que comprendes lo que te depara el futuro.

La variedad señala que un exceso de certidumbre crea en realidad aburrimiento. Así que, dentro de un contexto general de certidumbre, se necesitan cambios, espontaneidad y diferencias.

La significación es la necesidad de sentirse respetado, valorado, honrado y validado por otras personas. Esto puede ocurrir tanto en nuestra vida personal como en la profesional.

La conexión es la necesidad que tenemos todos de desarrollar relaciones que impliquen intimidad y amor.

El crecimiento consiste en un cambio positivo, ya sea físico, emocional, intelectual o espiritual. Todos necesitamos sentir que avanzamos, que mejoramos.

La contribución es la necesidad de hacer el bien, de ayudar a los demás y de hacer del mundo un lugar mejor de alguna manera.

Tómate el tiempo necesario para examinar estos epígrafes y pensar en tus propias necesidades. ¿Hay áreas en las que te sientes insatisfecho?

La asertividad te proporcionará las técnicas necesarias para satisfacer tus necesidades. Pero primero tienes que entender claramente cuáles son esas necesidades.

La importancia de la comunicación asertiva

La comunicación es la base de la asertividad. Al fin y al cabo, no puedes esperar que la gente se comporte de forma que satisfaga tus necesidades si no puedes decirles cuáles son esas necesidades. La gente no lee la mente. Si no eres feliz, la única forma de cambiar la situación es decirle a la gente qué es lo que te hace sentir infeliz y qué quieres que hagan para cambiarlo.

La comunicación conductual[10] es un constructo psicológico que examina la comunicación cotidiana de las personas a través de la lente de los distintos tipos de comportamiento. En concreto, describe que la mayor parte de la comunicación normal se enmarca en uno de los cuatro epígrafes siguientes:

> La **comunicación agresiva** implica que el agresor se proponga deliberadamente hacer daño a alguien. Esto puede ser imprevisto, y puede implicar la intimidación y el acoso. Los comunicadores agresivos generalmente carecen de empatía, ven la mayoría de las situaciones en términos de ganar o perder, buscan la confrontación y no escuchan a los demás.

> La **comunicación pasiva** suele consistir en no decir nada en absoluto o, desde luego, nada que los demás puedan considerar molesto o desafiante. Los comunicadores pasivos rara vez

---

[10] Ivanov, M., & Werner, P. D. *Behavioral communication: Individual differences in communication style.* Personality and Individual Differences (2010).

dicen lo que realmente piensan, y generalmente evitan tomar decisiones y hacer o decir cualquier cosa que pueda dar lugar a cualquier nivel de confrontación.

La **comunicación pasivo-agresiva** parece pasiva en la superficie, pero generalmente se utiliza como una máscara de hostilidad y agresión. Las personas que utilizan este estilo de comunicación emplean el sarcasmo, la hipérbole y el mal humor.

La **comunicación asertiva** consiste en expresar adecuadamente tus necesidades y sentimientos respetando lo mismo en los demás. El comunicador asertivo es directo sin provocar deliberadamente la confrontación.

Lo más destacable de estos cuatro estilos de comunicación es que sólo la comunicación asertiva es abierta y honesta. Los comunicadores pasivos y pasivo-agresivos rara vez dicen lo que realmente piensan, y los comunicadores agresivos no están interesados en una comunicación genuina. En cambio, ven la mayoría de las interacciones humanas como una oportunidad para ganar a costa de otras personas.

Pregúntate, ¿con cuál de estos estilos de comunicación preferirías tratar? Sería sorprendente que tu respuesta fuera otra que la del comunicador asertivo. Otras personas pensarán lo mismo y, a medida que te vuelvas más asertivo, también te convertirás en un comunicador asertivo. Te convertirás en el tipo de persona con la que los demás quieren comunicarse.

Capítulo 6: Cómo ser más asertivo

Lo que hay que hacer y lo que no hay que hacer para ser asertivo

Volverse asertivo transformará tu vida. La capacidad de decir lo que quieres y de hacer valer tu derecho a ser feliz son cambios enormes. Sin embargo, antes de empezar a hablar de cómo hacer esos ajustes, aquí hay cuatro puntos que debes recordar cuando empieces a usar tus nuevas habilidades:

Elige tus palabras con cuidado. Cuando te vuelvas asertivo, te presentarás de una manera diferente, y eso hará que la gente analice lo que dices. No querrás parecer grosero o agresivo. Si tienes una próxima reunión o discusión en la que pretendes hacerte valer, piensa bien lo que vas a decir. Incluso es posible que quieras escribirlo para poder examinarlo detenidamente. La forma de las palabras que elijas es importante, y esto es especialmente significativo cuando empiezas a practicar la asertividad.

Escucha. Ser asertivo es principalmente una habilidad de comunicación, pero recuerda que la comunicación tiene dos caras: Hablar y escuchar. Asegúrate de escuchar realmente lo que dicen los demás y de dar importancia a sus opiniones y sentimientos. Eso no significa que tengas que echarte atrás, pero lograr un equilibrio entre tus necesidades y las de los demás puede requerir un compromiso.

No te lo tomes como algo personal. A veces, incluso cuando lo haces todo bien, no todo el mundo estará contento. Eso es comprensible. Si eres demasiado pasivo, hasta ahora los demás han podido tratarte como han querido. De repente, podrás defenderte y decir lo que sientes y lo que quieres. Eso va a ser una sorpresa al principio, y a algunas personas no les va a gustar. Puede que reaccionen siendo sarcásticos, críticos o incluso groseros. Aprende a ignorar este tipo de comentarios y sigue adelante.

No te vuelvas arrogante. Cuando descubras que tus nuevas habilidades de asertividad realmente funcionan, puedes empezar a sentirte superior. Sin embargo, procura seguir tratando a los demás con respeto y amabilidad y mantener la humildad. Por mucho que descubras y crezcas, siempre hay más cosas que aprender.

Cómo hacer frente a las creencias perjudiciales

En el capítulo 3, analizamos las creencias perjudiciales que socavan la imagen de uno mismo y la autoestima. La mayoría de nosotros salimos de la infancia con una o varias creencias que nos frenan. Deberías haber sido capaz de identificar las creencias perjudiciales que te afectan. Ahora es el momento de hacer algo al respecto.

Uno de los métodos más comunes y eficaces para tratar las creencias perjudiciales es utilizar las técnicas de la terapia cognitivo-conductual (TCC). Los profesionales de la TCC enseñan que los pensamientos y creencias desadaptativos causan sentimientos de tristeza y depresión. Cambiar la forma de pensar cambia la forma de sentir. Si te sientes más positivo, es mucho más fácil tener confianza y ser asertivo.

Ya has identificado las creencias que te hacen actuar de forma poco útil. Muchos profesionales de la TCC utilizan un acrónimo sencillo para describir el enfoque para cambiar esas creencias: BLUE (por sus siglas en inglés). Esto significa:

> **Culparse a sí mismo**. Esta parte del pensamiento desadaptativo implica sentirse responsable de circunstancias sobre las que no se tiene control. A menudo implica sentirse responsable de la felicidad de otras personas. Aceptar la responsabilidad de tus propios actos es encomiable y maduro. Sentirse culpable por situaciones de las que no eres responsable es perjudicial para ti y completamente ineficaz. Cuando te sientas culpable por algo, debes

aprender a mirar objetivamente qué es lo que te hace sentir así. ¿Es algo que has hecho, o no has hecho, la causa de la situación? Por ejemplo, es evidente que un amigo o una pareja son infelices. A menos que tú seas la causa directa de esa infelicidad, no debes culparte por cómo se siente la otra persona y no debes sentirte responsable de distraerla de alguna manera de su infelicidad. La empatía y la compasión son siempre apropiadas, y estos sentimientos combinados con las habilidades de asertividad te permitirán apoyar y guiar a una persona que es infeliz. Culparse de forma inapropiada es contraproducente y algo que debes aprender a identificar y rechazar.

Buscando malas noticias. Por desgracia, todos tendemos a fijarnos excesivamente en la información negativa. Imagina que has hecho una presentación en el trabajo sobre un proyecto que estás dirigiendo. Nueve de las diez personas presentes valoran positivamente tu informe. Una persona se muestra ligeramente crítica y dudosa. ¿Cómo te sientes después de la presentación? Lo más probable es que te concentres en el comentario negativo y dejes de lado todos los comentarios positivos. Esta reacción es normal y natural, pero es algo que debes tener en cuenta y evitar. Ahora trata de imaginar que alguien a quien quieres ha hecho esa presentación. Se siente molesto por el comentario negativo. ¿Qué le dirías? Por supuesto, le dirías que la mayoría de las personas presentes fueron positivas y te apoyaron y que, en general, la presentación fue un éxito. Debes aprender a ver tus propias experiencias y reacciones como si se aplicaran a otra persona. Este enfoque ayuda a ser objetivo. También debes hacer un esfuerzo consciente para dirigir tu pensamiento hacia lo positivo. Prácticamente en todas las situaciones hay buenas noticias si las buscas. Incluso un fracaso total ofrece oportunidades inestimables para aprender y evitar el mismo error en el futuro.

Adivinanzas infelices. Todos pasamos mucho tiempo intentando adivinar lo que ocurrirá en el futuro. Sin embargo, a veces caemos en patrones de pensamiento que nos hacen esperar lo peor. Imagina que has organizado un viaje a un restaurante para un grupo de amigos. ¿Qué ocurrirá si te pasas los días previos pensando "*¡Sólo sé que esto va a ser un desastre!* "Este comportamiento es completamente improductivo, y significa que cuando finalmente llegues a la comida, ya te sentirás negativo y pesimista. Ese no es un buen estado de ánimo para afrontar la velada. Ahora piensa en lo que pasaría si pasaras los días anteriores pensando: "*¡Esta va a ser la mejor comida de la historia!* "No sólo evitarías varios días de ansiedad innecesaria e improductiva, sino que abordarías el evento con un estado de ánimo positivo. El futuro siempre será incierto. Hacer todo lo posible para que el futuro sea positivo es sensato y productivo.

Asumir que todo saldrá mal simplemente genera ansiedad y no cambia nada. Enséñate a cambiar lo que puedas, pero no a asumir siempre un resultado negativo.

Exageradamente negativo. "*¡Odio mi vida!* " es el tipo de afirmación que asociamos a los adolescentes infelices, pero en realidad todos cometemos a veces el error de ver las situaciones como peores de lo que realmente son. Este tipo de pensamiento hace que todo parezca negativo y elimina la esperanza y el optimismo. Si te encuentras con este tipo de pensamiento, imagina tu respuesta si otra persona hiciera esta afirmación. Piensa en cómo señalarías los aspectos positivos y pondrías los negativos en contexto.

Ahora, volvamos a las creencias dañinas que discutimos en el capítulo 3 y veamos cómo podemos convertir esas creencias "BLUE" en creencias verdaderas.

La necesidad de complacer

B - "La culpa es mía si mi pareja/amigo/colega no es feliz".

L - "Si no les hago felices, no les gustaré".

U - "Debe ser algo que he hecho".

E - "Si no les hago felices, no querrán pasar tiempo conmigo".

Creencia verdadera: La empatía y la compasión son buenas, pero lo correcto es considerar también mis propias necesidades y sentimientos. Todos somos responsables de nuestra propia felicidad, y no es tu responsabilidad hacer felices a los demás.

Inseguridad y dudas sobre sí mismo

B - "¡Soy tan estúpida/gordo/nada atractivo!"

L - "Mis defectos significan que nadie me querrá nunca".

U - "Nunca me sale nada bien".

E - "¿Por qué querría alguien pasar tiempo conmigo?"

La verdadera creencia: Eres digno de amor y respeto, tal y como eres. Puedes tener fallos. Todo el mundo los tiene. Pero también tienes atributos positivos que te hacen atractivo, interesante y digno de respeto.

La necesidad de ser bueno

B - "Si no complazco a los demás, no le gustaré a nadie".

L - "Pensar en mis propias necesidades y sentimientos es egoísta".

U - "Si no me comporto de una manera determinada, no seré popular".

E - "Si soy egoísta, nadie se preocupará por mí".

Una creencia verdadera: Tienes derecho a ser feliz. No tienes la responsabilidad de complacer a los demás. Hacer siempre lo que los demás quieren y esperan no te aportará respeto ni amor.

Miedo a la confrontación y a la sumisión

B - "Si digo eso, mi pareja/amigo/colega no estará contento".

L - "Si hay una discusión, quedaré mal".

U - "No debería decir eso porque puede hacer infeliz a alguien".

E - "Si digo lo que realmente pienso, la gente sentirá que soy egoísta".

Creencia verdadera: Tus objetivos y metas en la vida nunca serán idénticos a los de otra persona. Eso significa que es inevitable cierto nivel de confrontación para encontrar soluciones que beneficien a todos. Evitar toda confrontación sometiéndose siempre a las necesidades de los demás no proporcionará amor y respeto.

¡Ser asertivo es desagradable!

B - "Si digo lo que realmente siento, no le gustaré a nadie".

L - "Es de mala educación decirle a los demás lo que siento".

U - "Si me callo, todo estará bien".

E - "Nadie querrá escucharme".

Creencia verdadera: Tienes derecho a decir lo que sientes y a decir a los demás lo que pueden hacer para cambiarlo. Por supuesto, no debes pisotear los sentimientos de los demás y debes encontrar formas de expresar lo que quieres que no sean ofensivas o agresivas.

¡No es mi culpa!

Esta última creencia perjudicial es ligeramente diferente. En este caso, la "B" de AZUL significa "*Culpar a los demás*", pero el planteamiento sigue siendo válido.

B - "Si mi pareja/amigo/colega actuara de otra manera, sería feliz".

L - "Los demás siempre me hacen infeliz".

U - "Nunca seré feliz porque a nadie le importa".

E - "Nadie quiere hacerme feliz".

Creencia verdadera: Tú eres responsable de tu propia felicidad. Nadie más tiene la capacidad de cambiar tu felicidad, ni es responsable de ella.

Repasa las creencias perjudiciales que identificaste en el capítulo 3. Aplica la técnica BLUE sobre ellas e intente llegar a una creencia verdadera. El mero hecho de examinar detalladamente tus propias creencias reduce su efecto en tu pensamiento y te ayuda a reconocer los pensamientos negativos y perjudiciales.

Las dificultades, los retos y los obstáculos en tu vida pueden conducir a pensamientos perjudiciales. Estas dificultades te harán dudar de ti mismo y puede ser difícil cambiar tus puntos de vista y ser asertivo si no eres mentalmente duro y resistente. Al final de este libro encontrarás más información sobre el desarrollo de la fortaleza mental.

Cómo lidiar con el chantaje emocional

Los chantajistas emocionales utilizan los sentimientos de miedo, culpa y obligación para manipularte para que hagas lo que ellos quieren. Sin embargo, su manipulación significa que no utilizan sentimientos reales y justificados. En su lugar, intentan que sientas estas emociones cuando no son apropiadas. La clave para hacer frente a esta forma de manipulación es hacerse una simple pregunta sobre qué es lo que quieren que hagas:

"¿Estoy haciendo valer mi propia voluntad o actuando porque siento miedo, culpa u obligación?"

No es una pregunta fácil de responder. En primer lugar, significa pensar realmente en tus propios sentimientos. Esto puede implicar enfrentarse al hecho de sentir miedo o culpa. Piensa por qué te sientes así. ¿Has hecho algo que debería hacerte sentir miedo o culpa? ¿Realmente le debes a la otra persona una obligación, quizás por la ayuda que te ha prestado en el pasado? ¿O el manipulador está tratando de evocar estos sentimientos cuando no tienen ninguna base real?

El punto más importante del chantaje emocional es que utiliza las emociones para conseguir que hagas lo que el manipulador quiere. Se trata de sentimientos evocados únicamente a través de la manipulación. Si puedes reconocer eso, entonces disminuirá su impacto en ti. Por supuesto, todavía tienes que enfrentarte al manipulador. Eso es algo que cubriremos en un capítulo posterior en el que proporcionamos estrategias para decir "*No*".

Cómo lidiar con los tomadores tóxicos

Cuando hayas identificado a alguien en tu vida como un tomador tóxico, hay dos técnicas que puedes utilizar para tratar con él de forma efectiva.

El tomador tóxico siempre acude a ti con un problema y espera que le ayudes a resolverlo. El primer método consiste en escuchar cuando te cuentan el problema y ofrecer simpatía. Nada más. Nada de tiempo, consejos, dinero o cualquier otro tipo de ayuda. Simplemente responde a su relato del problema con algo parecido a *"Eso suena realmente terrible. Qué mal para ti".* Responder así es mucho más difícil de lo que parece. Puedes estar condicionado a ofrecer ayuda cuando alguien te dice que tiene un problema. Sin embargo, con los tomadores tóxicos, hacerlo simplemente les llevará a pedir más y más. Debes ser firme y no ofrecer más que simpatía.

El tomador tóxico se sorprenderá. Al fin y al cabo, se ha acostumbrado a que le des lo que quiere. Así que probablemente lo intentará de nuevo. Mantente firme. Repite sus sentimientos para demostrar que le has escuchado. Pero no te ofrezcas a ayudar. Es posible que pasen a pedir ayuda directamente, quizás con el apoyo de un chantaje emocional. Ya sabes cómo actuar ante esto, y más adelante te diremos cómo decir específicamente *"No"* en cualquier circunstancia. Ante una negativa a cooperar, el tomador tóxico pasará rápidamente a otra persona que sea más fácil de manipular.

Otra estrategia para usar con los tomadores tóxicos es escuchar su historia de aflicción y luego responder con una historia sobre las dificultades que estás enfrentando. Ningún tomador tóxico quiere competencia, y te darás cuenta de que les cuesta escuchar tu historia y no te ofrecerán ningún tipo de ayuda. Ante este tipo de respuesta, la mayoría de los tomadores tóxicos simplemente buscarán una víctima en otra parte.

Los verdaderos tomadores tóxicos desaparecerán rápidamente de tu vida cuando emplees estas técnicas. Las personas que son amigas, pero que pueden haberse acostumbrado a aprovecharse de ti, no lo harán. Pero se reajustarán a la nueva forma de relación.

Capítulo 7: Aprender a decir *"no"*

Decir *"no"* es algo que a muchos nos resulta difícil. Ya sea en respuesta a una petición de ayuda o a una invitación a un evento al que realmente no queremos asistir, tememos que una negativa ofenda a la persona que nos lo pide. Sin embargo, aprender a decir *"No"* es una de las habilidades básicas para ser asertivo. En la tercera parte, ofreceremos estrategias detalladas para decir *"No"* con gracia y respeto. En primer lugar, hablemos de por qué decir "*No*" es tan difícil y a la vez tan importante.

Por qué tenemos miedo de decir *"no"*

Una de las palabras más difíciles de decir es "*No*". Incluso cuando reconocemos que puede ser lo mejor que podemos decir, nos encontramos en situaciones en las que decimos "*Sí*" en su lugar. Pero, ¿por qué nos cuesta tanto decirlo? Hay varias razones, así que vamos a analizarlas con detalle.

Decir "*sí*" aumenta nuestra autoestima. Puede hacernos sentir útiles, necesarios y valorados. Por el contrario, tememos que decir "*No*" pueda tener el efecto contrario. A todos nos gusta sentirnos valorados y necesarios. Sin embargo, podemos estar tan inmersos en comportamientos diseñados para generar estos sentimientos en los demás que acabamos descuidando nuestros propios sentimientos y necesidades. Decir *"no"*, *por* ejemplo, a una petición de ayuda, puede hacer mella inicialmente en nuestra autoestima. Pero, si lo hacemos para recuperar tiempo, energía u otros recursos para nosotros mismos, esta sensación pasará pronto. Ayudar a los demás es bueno. Pero volverse tan adicto a ello que sea incapaz de decir "*No*" no lo es.

Queremos gustar a la gente y decepcionarla diciéndole "*no*" repercute en lo que siente por nosotros. No hay forma de evitarlo. Si constantemente dices "*Sí*" a todo, la gente pronto empezará a darlo por sentado y eso no hará que te quieran o te respeten. Si puedes condicionarte a considerar cada petición de ayuda de forma objetiva y decir "*Sí*" sólo cuando sea realmente apropiado, descubrirás que la gente lo aprecia mucho más que el "*Sí*" continuo que reciben de una persona complaciente.

Probablemente la razón más común para no decir "*No*" es el miedo a la confrontación. Si dices "No", la gente puede ponerse nerviosa. Incluso pueden enfadarse o intentar intimidarte, especialmente si están acostumbrados a que siempre digas "*Sí*". De nuevo, no hay forma de evitar cierto nivel de confrontación si vas a aprender a hacerte valer diciendo "No". Sin embargo, vamos a proporcionar técnicas para disminuir las reacciones emocionales.

Por último, podemos temer perder oportunidades cuando decimos "*No*". Por ejemplo, si te ofrecen la oportunidad de asumir un nuevo proyecto en el trabajo, puede que te preocupe perder un ascenso si lo rechazas. Sin embargo, el tiempo y la energía disponibles son limitados. Cada vez que digas "*sí*" a algo, utilizarás más recursos. Y eso te dejará con menos capacidad para aceptar nuevas oportunidades más beneficiosas. Es importante que evalúes las nuevas oportunidades y analices lo que te ofrecen. No te limites a aceptar todo lo que venga porque tengas miedo de perderte algo.

Por qué aprender a decir *"no"* es saludable

Decir "*Sí*" cuando realmente quieres decir *"No"* es algo que la mayoría de nosotros hemos hecho, pero no es bueno para nosotros ni para las otras personas con las que nos relacionamos. Cuando alguien nos pide un favor o nos invita a un evento, cuando decimos "*Sí*" pero no lo decimos en serio, estamos mintiendo esencialmente. Eso es malo para la autoestima, crea resentimiento e incluso puede llevarnos a actuar de forma pasiva-agresiva fingiendo que nos olvidamos de lo que prometimos hacer.

En las relaciones, la honestidad y el respeto son fundamentales. Si mientes, estás minando la relación y mostrando una falta de respeto hacia la otra persona. Por el contrario, si aprendes a decir *"No"* cuando es lo que quieres decir, eso demuestra respeto por la otra persona y honestidad en la relación.

Aprender a decir *"No"* también ayuda a establecer límites personales, límites que definen claramente lo que se quiere y lo que no se quiere hacer. Esto ayuda a los demás a entender lo que quieres y aumenta el respeto mutuo en cualquier relación. Decir "No" a una acción que no quieres hacer también libera tu tiempo y energía para decir "*Sí*" a las acciones que sí quieres hacer.

Por último, decir *"no"* es cuidar de uno mismo. Es una parte fundamental de aceptar y dejar claro a los demás que tienes sentimientos y necesidades y que éstos son importantes para ti. Ya hemos hablado de que cuidarse a uno mismo es un elemento fundamental para convertirse

en una persona equilibrada y segura de sí misma.
Aprender a expresar lo que se siente es una parte central
de este desarrollo personal y decir *"No"* cuando eso es lo
que se quiere decir es una habilidad fundamental.

"No puedo" vs. "No quiero"

Cuando te enfrentas a una situación en la que te piden que hagas algo y no quieres hacerlo, pero te pone nervioso decir "*No*", puede ser tentador utilizar excusas para justificar tu negativa. En otras palabras, responder a esa petición diciendo "*no puedo*" en lugar de "*no quiero*". Por ejemplo, un amigo te pide ayuda para mudarse a un nuevo apartamento. Tú no tienes energía para subir y bajar cajas por las escaleras, y ya tienes planes para pasar tiempo "*para mí*" el fin de semana. Sin embargo, en lugar de decírselo a tu amigo, te inventas una excusa como "*tengo que llevar a mi hermana al hospital*".

Crees que eso suena más significativo y aceptable que explicar que estás cansado y que necesitas un tiempo de descanso. Sigue siendo una mentira. No estás tratando la relación como lo suficientemente importante como para justificar la honestidad, y estás socavando tu propia autoestima al sentirte presionado para faltar a la verdad. Y lo que es peor, si el amigo se cree tu excusa, puede sugerirte que lo hagas el siguiente fin de semana o durante una noche. ¿Qué haces entonces? ¿Crear otra excusa ficticia o verte obligado a hacer algo que no quieres?

Decir "*no*" explicando honestamente por qué no vas a hacer algo es difícil. Pero siempre será mejor para ti y para la relación que decir "no *puedo*" e inventar una excusa.

Capítulo 8: Establecer límites
Por qué son importantes los límites personales

Los límites personales son los límites que estableces para lo que harás y lo que no harás y para el comportamiento que consideras aceptable en los demás. Establecer estos límites es una parte importante de la asertividad, pero al igual que los demás elementos de esta habilidad, puede parecer difícil. Todos queremos parecer *"agradables"*, dispuestos a aceptar lo que los demás quieren porque creemos que eso nos hará caer bien y ser aceptados socialmente. Sorprendentemente, varios estudios parecen demostrar que no es así.

Un informe sobre un estudio de 2015 publicado en la *revista Personality and Social Psychology Review*[11] analizó las reacciones de los participantes en juegos que presentaban dilemas sociales y la necesidad de negociar. A los participantes no les gustaban los jugadores egoístas, lo cual no es sorprendente. Sin embargo, el informe descubrió que los jugadores complacientes, aquellos a los que no les importaba si ganaban o perdían, tampoco les gustaban. Los debates parecían demostrar que estos jugadores hacían que los demás se sintieran mal, pero también se les consideraba transgresores de las normas, aunque las reglas que rompían eran las que fomentaban la competición y la confrontación.

---

[11] Kun Zhao, Luke D Smillie, *The Role of Interpersonal Traits in Social Decision Making: Exploring Sources of Behavioral Heterogeneity in Economic Games*, August 2015, Personality and Social Psychology Review.

Un estudio combinado realizado en 2011 por la Universidad de Notre Dame, la Universidad de Cornell y la Universidad de Western Ontario[12] puso aún más de manifiesto que ser agradable no es un paso positivo en la carrera. El estudio reveló que los hombres clasificados como *"desagradables"* ganaban, de media, un 18% más que los clasificados como *"agradables"*. "Los hombres descritos como desagradables también suelen ser descritos como negociadores eficaces y mejores gestores. Incluso entre las mujeres, donde ser consideradas *"agradables"* es una norma social más reconocida, las mujeres desagradables ganaban un 5% más que sus homólogas agradables.

---

[12] Timothy A Judge, Beth A. Livingston, Charlice Hurst, *Do Nice Guys-and Gals-Really Finish Last? The Joint Effects of Sex and Agreeableness on Income,* Journal of Personality and Social Psychology, November 2011.

Elegir tus límites

Los límites que establezcas incluirán tanto tu espacio físico como el emocional. Sin embargo, aquí sólo nos ocupamos de los límites emocionales. Éstos representan los límites que permite a otras personas entrar en tu espacio emocional. ¿Cómo puedes identificar tus límites? En realidad, es bastante sencillo: Si estás con alguien que te hace sentir incómodo, es probable que esté traspasando tus cómodos límites emocionales.

Para entender dónde están esos límites personales, tómate el tiempo de pensar en tus valores fundamentales, los ideales y las acciones que te importan. No las acciones que realizas para complacer a otras personas o porque sientes que se espera que las hagas. Estamos tan acostumbrados a adoptar las necesidades y los sentimientos de los demás como propios que puede ser difícil recordar lo que nos importa. Por ejemplo, puede ser que las amistades sean realmente importantes para ti, pero tienes un amigo que se entrega regularmente a los chismes maliciosos sobre otros amigos. Su comportamiento te hace sentir incómodo, pero no quieres molestar al amigo chismoso diciendo lo que sientes.

Los límites son personales y serán diferentes para cada persona. Piénsalos bien y es casi seguro que encontrarás una desconexión entre lo que ocurre y tus valores fundamentales. Es entonces cuando tienes que establecer un límite claro.

Hacer que se respeten los límites

Una vez que entiendas cuáles son tus límites, puedes empezar a aplicarlos. Tienes derecho a defender tu espacio personal emocional. Sin embargo, recuerda que sólo puedes cambiar lo que haces tú, no lo que hacen los demás. Si volvemos al ejemplo del amigo chismoso, realmente no tienes el derecho ni la responsabilidad de decirle a ese amigo que deje los chismes maliciosos. Eso no depende de ti. En cambio, puedes decirle firmemente a ese amigo que no te interesa escuchar ese lenguaje y pedirle que desista.

Puede que te ponga nervioso la reacción que tendrás al establecer esos límites. Algunas personas reaccionarán de forma airada. Pueden afirmar que estás siendo crítico o injusto. No les estás criticando ni diciéndoles que cambien su comportamiento en general. Les estás diciendo que lo que están haciendo te hace sentir incómodo, y sólo les estás pidiendo que dejen de hacerlo en tu presencia. Recuerda que ser considerado desagradable no significa que la gente no te quiera o no te respete. Aunque la reacción a corto plazo a tu imposición de límites puede ser negativa, a largo plazo, hacer esto generalmente hará que la relación sea más fuerte porque será más auténtica y estará basada en la honestidad.

Poner límites es un acto de asertividad. Puede parecer aterrador. Pero no hay alternativa. Hay que decir a los demás cuándo te incomodan y por qué: No puedes esperar que lo adivinen. Cuando se hace esto, puede ser increíblemente liberador y empoderador.

Parte 3: Plan de acción para la asertividad

Capítulo 9: ¿Quieres ser más asertivo?

Tomar la decisión de ser más asertivo

Ahora entiendes que ser poco asertivo es un problema. En tu vida personal y laboral, puede hacer que seas ineficaz, y también puede hacerte sentir ansioso, estresado y sin confianza. Sin embargo, ser pasivo no es algo innato que tengas que soportar. Puedes elegir ser asertivo. Sólo tú puedes tomar esa decisión y sólo tú puedes conseguirlo. Antes de seguir adelante, tienes que hacerte dos preguntas importantes:

- ¿Quieres ser más asertivo?
- ¿Estás preparado para dedicar tiempo y esfuerzo a ser más asertivo?

Son preguntas fundamentales. Si no puedes responder "*Sí*" a ambas sin reservas, probablemente estés perdiendo el tiempo. ¿Quizás necesites volver a leer este libro para ver por qué ser poco asertivo te está perjudicando a ti, a otras personas y a tus relaciones con ellas? ¿O tal vez sólo necesites aceptar que siempre serás pasivo, pisoteado y que nunca tendrás el espacio o la oportunidad de ocuparte de tus propias necesidades y sentimientos?

¿Qué eliges?

La asertividad no es todo o nada

Este libro permite comprender lo que significa la falta de asertividad y cómo afrontarla. Proporciona estrategias prácticas para ser más asertivo. Pero no vas a dejar este libro, respirar hondo y convertirte de repente en una persona asertiva en todo lo que hagas. Por desgracia, la vida no es tan sencilla.

Empieza por pensar en qué aspectos te perjudica más tu falta de asertividad.

Piensa en las áreas en las que ser más asertivo te aportará más beneficios.

Son objetivos importantes a tener en cuenta, pero no te apresures a empezar a abordar primero las situaciones más difíciles y estresantes. Incluso cuando creas en tu derecho a hacer valer tus propios sentimientos y necesidades, tendrás que ir desarrollando gradualmente tus habilidades y tu confianza. Ensayarás lo que vas a hacer y decir antes de aplicar estas técnicas en el mundo real.

Va a llevar tiempo. No puedes volverte asertivo de la noche a la mañana. Tendrás que ir paso a paso y construir tu confianza y tus habilidades de forma incremental. Sin embargo, cada pequeño paso aporta beneficios. Aprender a reafirmarse, aunque sea en pequeñas cosas, es liberador y fortalecedor. A medida que vayas adquiriendo confianza con los primeros pequeños pasos, podrás extender el uso de las técnicas de asertividad a otras áreas de tu vida.

La asertividad no es algo que se consiga en una sola sesión. Es un viaje de transformación. Y cada viaje comienza con un solo paso.

¿Cuánto tiempo tardará?

Tu pasividad actual es algo que has aprendido. Es un conjunto de comportamientos que has utilizado durante tanto tiempo que se han convertido en habituales y en gran medida instintivos. Reaccionas ante una posible confrontación haciendo lo necesario para evitarla, aunque no seas consciente de este hábito.

Ese comportamiento va a cambiar. Vas a construir un nuevo conjunto de comportamientos que se convertirán en respuestas habituales. Estos cambios llevarán tiempo, aunque quizá no tanto como tú crees. Se han realizado muchos estudios para determinar el tiempo que tardan los nuevos comportamientos en convertirse en hábitos, y todavía no hay un periodo acordado universalmente. El plazo depende de ti y de tus circunstancias. Sin embargo, la mayoría de las estimaciones sugieren que, si estableces un nuevo comportamiento y lo mantienes entre 30 y 90 días, se convertirá en habitual.

Piénsalo por un momento. Si puedes hacer un esfuerzo consciente para emprender nuevos comportamientos asertivos durante al menos 90 días, se convertirán en hábitos. No tendrás que pensar en ellos. Se convertirán en respuestas automáticas y positivas. Concéntrate en ese pensamiento mientras te propones poner en práctica estos nuevos comportamientos.

Capítulo 10: Construir la confianza en uno mismo

Escuchar a tu sabio defensor

En el libro seminal de autoayuda, *You Are Not Your Brain* [13], los psiquiatras Jeffrey Schwartz y Rebecca Gladding describen una estrategia útil para afrontar la autoestima negativa y la falta de confianza en uno mismo. Lo llaman el "*sabio defensor*". Este enfoque consiste en visualizar a una persona a la que se respeta. Puede ser una persona real, un familiar, un amigo, alguien que conozcas (o hayas conocido) o incluso una figura histórica cuyos logros admires. Incluso puede ser un personaje ficticio. En realidad, no importa quién sea esa persona, siempre y cuando:

- Puedes visualizarlos claramente hasta el punto de imaginar conversaciones con esa persona,
- Debes ser capaz de visualizarlos como sabios, compasivos, amables, solidarios, y deben preocuparse genuinamente y querer lo mejor para ti.

En otras palabras, el sabio defensor debe ser una persona cuyo consejo sea bienvenido y en el que confíes. Si te encuentras en una situación en la que no sabes qué hacer, o te cuesta encontrar la confianza para hacer algo, imagina que le describes esa situación a tu sabio defensor.

---

[13] Schwartz, Jeffrey M, and Gladding, Rebecca. *You Are Not Your Brain: The 4-Step Solution for Changing Bad Habits, Ending Unhealthy Thinking, and Taking Control of Your Life*. Avery, 2011.

Esto puede parecer demasiado simplificado, pero en realidad se basa en sólidos principios psicológicos. Imaginar que hablas con tu sabio defensor te ayuda a obtener una visión más amplia de cualquier situación y a ir más allá de las emociones inmediatas que pueden confundirte. Lo mejor de todo es que la orientación de este sabio defensor siempre será positiva y en beneficio de tus intereses.

Imagina a tu propio sabio defensor. Tómate el tiempo necesario para visualizarlo con intensidad y detalle. Cuando te encuentres con problemas de confianza en ti mismo o no estés seguro de lo que debes hacer, pide consejo a tu sabio defensor. A menudo, esta estrategia te ayudará a determinar qué hacer y a encontrar la seguridad para hacerlo.

Pensamiento positivo

El pensamiento positivo es una actitud que se centra en los buenos resultados. Se trata de actuar porque se anticipa la felicidad y el éxito, no porque se teme el fracaso. Muchos enfoques de motivación y autoayuda destacan la importancia del pensamiento positivo. Tus pensamientos dictan tus acciones. Si tus pensamientos son positivos, tus acciones también lo serán. Este comportamiento tiene muchas más probabilidades de conducir al éxito.

El pensamiento positivo es especialmente importante para crear objetivos. ¿Por qué quieres ser más asertivo? ¿Cuáles son tus objetivos de asertividad? Para que sean más eficaces, deben ser positivos.

Por ejemplo, si tu objetivo es ser más asertivo en el trabajo, objetivos como "quiero ser *más eficaz en mi trabajo*" o "*quiero ese ascenso para poder utilizar mejor mis habilidades*" son positivos. "Quiero *cometer menos errores en el trabajo*" o "No quiero *perder mi empleo*" no lo son. "Quiero mejorar *mi capacidad de negociación*" es *un* objetivo positivo. "Quiero *ser mejor que X persona*" no lo es. Los objetivos positivos tienen que ver contigo. Tienes la capacidad y la responsabilidad de cambiarte a ti mismo. Compararte con otros o centrarte en superar a otra persona socava ese enfoque.

El pensamiento positivo también consiste en celebrar el progreso. Al principio, es probable que te reafirmes en formas relativamente pequeñas. Estos pasos no son triviales. Reconócelos y date una palmadita en la espalda por cada éxito. Date un capricho cuando consigas un objetivo. Reconocer cuando se tiene éxito es tan importante, o quizá más, que aceptar cuando se fracasa. Todos tendemos a castigarnos por los fracasos y a despreciar los éxitos. Cada éxito es un paso en el camino hacia una vida mejor.

Como cualquier otra habilidad, el pensamiento positivo es algo que se aprende a hacer. Tómate el tiempo necesario para ver lo que has conseguido. Enséñate a buscar lo positivo en cada situación, no a rumiar los fracasos. Reconoce el éxito y construye la confianza que se deriva de él.

Y para mantenerte en el camino de aprender a pensar en positivo, cambiar tu mentalidad y alcanzar los objetivos que te propongas, tendrás que ser lo suficientemente resistente y fuerte mentalmente como para no dejarte entorpecer por los retos que puedas encontrar. Al final de este libro encontrarás más información sobre el desarrollo de la fortaleza mental.

Capítulo 11: Mejorar la comunicación

Empatía y simpatía

La empatía es una parte importante de la buena comunicación. Sin embargo, existe cierta confusión sobre el significado exacto de esta palabra y su diferencia con, por ejemplo, la simpatía.

La palabra "*empatía*" se utilizó por primera vez a principios del siglo XX. Es una traducción del término alemán "*Einfhlung*" (sentir con), y fue introducido por el psicólogo británico Edward Titchener. La mayoría de los psicólogos utilizan el término empatía para referirse a la capacidad de imaginarse en la situación de otra persona para comprender sus emociones. A finales de los años 50, el psicólogo Carl Rogers fue el primero en sugerir que la empatía era un elemento esencial de la comunicación eficaz. Desde entonces, muchos estudios han confirmado esta teoría.

Una persona empática es capaz de ver las situaciones desde la perspectiva de otra persona. Aunque las dos palabras se utilizan a menudo como sinónimos, la empatía es diferente de la simpatía. La simpatía es sentir *por* otra persona, a diferencia de la empatía, que es sentir *con* otra persona. En otras palabras, la simpatía está más cerca de sentir pena por otra persona, mientras que la empatía significa entender por qué está experimentando ciertos sentimientos.

La empatía tiene tres elementos:

- Debes tener una profunda comprensión de los sentimientos de la otra persona.

- Debes ser capaz de entender qué comportamientos o situaciones han provocado los sentimientos de la otra persona.
- Debes ser capaz de hacer saber a la otra persona que comprendes sus sentimientos y lo que los ha provocado.

La empatía es crucial para una comunicación eficaz, y la comunicación es fundamental para la asertividad. Trabaja para desarrollar tu empatía. Intentar comprender por qué otras personas se sienten como lo hacen puede ayudarte a entender mejor de dónde vienen tus propios sentimientos. Algunos psicólogos consideran que la empatía es uno de los elementos de la verdadera madurez psicológica.

Aprender a escuchar

Hay una diferencia fundamental entre escuchar y oír. Algunos estudios sugieren que hasta el 75% de lo que oímos se olvida, se ignora o se malinterpreta casi inmediatamente. Parte del aprendizaje de la asertividad consiste en entender lo que quieren los demás. Este proceso implica *escucharlos*. No sólo oír lo que dicen, sino comprender realmente y hacer saber al interlocutor que lo estás haciendo.

Hay tres habilidades fundamentales para escuchar. Éstas son:

Atender. Se trata de la comunicación no verbal que se proporciona al orador para confirmar que se le está escuchando. Implica la postura del cuerpo, el contacto visual y prestar toda la atención a lo que está diciendo. Nada deja más claro que no estás escuchando que permitir que tu mirada se desplace mientras la otra persona está hablando o, peor aún, que revises tu teléfono o tus correos electrónicos. Si quieres demostrarle a alguien que realmente le estás escuchando, mírale de frente, mantén el contacto visual y no permitas que tu atención se desvíe.

Seguir. Demostrar esta habilidad significa no secuestrar la conversación para adaptarla a tu propia agenda. En lugar de interrumpir con tu propia historia, anima al orador a continuar con indicaciones como "Qué *interesante, cuéntame más...*" o "¡No *lo sabía!".* Utiliza preguntas abiertas para animar al interlocutor a que te cuente más.

Reflexionar. Las personas que utilizan la habilidad de reflexión hacen comentarios que reafirman los sentimientos o el contenido de lo que dice el interlocutor. El uso de esta habilidad demuestra que se ha entendido y da al interlocutor la oportunidad de aclarar y ampliar lo dicho. Puede adoptar la forma de "*Así que lo que está diciendo es...*" o "*Muy bien, así que mi comprensión de lo que está diciendo es...*".

Te sorprenderá la eficacia de estas sencillas habilidades para conseguir que la gente hable de sus necesidades y sentimientos. También te sorprenderá lo poco que la gente utiliza eficazmente estas habilidades.

Ser asertivo significa ser capaz de hacer valer tus propios sentimientos y necesidades, pero también comprender los sentimientos y necesidades de los demás. Puedes elegir un curso de acción que beneficie a todos. Aprender a escuchar es una habilidad esencial para saber lo que realmente quieren los demás.

Dar mensajes de afirmación en tres partes

Cuando te haces valer, estás dando un mensaje de que quieres que otra persona respete tus límites emocionales y/o físicos. Los mensajes de asertividad más eficaces constan de tres partes distintas:

Una descripción del problema. Esta descripción debe ser imparcial y evitar cualquier sugerencia de culpabilidad. Debe ser lo suficientemente detallada y específica como para que la otra persona entienda claramente el problema. Por ejemplo, "Eres *un vago*" no va a evocar una respuesta positiva. "*Siempre acabo apurado por las mañanas porque tengo que lavar y ordenar el apartamento yo solo*" es mejor porque explica con precisión lo que te preocupa.

Una descripción de cómo te hace sentir. Describe qué emociones negativas te provoca el comportamiento problemático. Si te produce ansiedad, estrés, miedo o enfado, dilo. No te reprimas. Si un comportamiento te enfada tanto que puedes perder los nervios, no tengas la tentación de suavizar esta afirmación diciendo en su lugar que te irrita. La asertividad tiene que ver con la honestidad, especialmente en lo que respecta a tus sentimientos.

Una aclaración de cómo te afecta el comportamiento de la otra persona. Una descripción de lo que la otra persona hace (o no hace) para provocar esas emociones. Esta explicación debe ser lo más precisa posible para facilitar una solución.

Esta descripción puede parecer complicada, pero el objetivo es producir un mensaje lo más conciso posible. En la mayoría de los casos, estos tres elementos pueden combinarse en una sola frase de la forma "*Cuando tú* (una descripción del comportamiento que te hace sentir incómodo), *yo siento* (una descripción de las emociones que te hace sentir este comportamiento) *porque* (una descripción de cómo te afecta directamente este comportamiento)". Por ejemplo, un mensaje eficaz de asertividad en tres partes podría ser:

"Cuando no te levantas hasta las ocho, me siento estresado y ansioso porque tengo que hacer toda la limpieza antes de irme a trabajar".

Observará que este mensaje en tres partes no impone, ni siquiera sugiere, una solución. Esto es importante porque, para que la solución sea eficaz, debe tener en cuenta los sentimientos y las necesidades de todos los implicados. Una solución de este tipo será más eficaz si se desarrolla conjuntamente, y no si se impone por una parte. En el mejor de los casos, al presentar el mensaje de afirmación en tres partes, la persona con la que se habla entenderá el problema y sugerirá o contribuirá a una solución.

Cuando ensayes la asertividad, utiliza este mensaje en tres partes. Escribe el mensaje que quieres dar antes de hablar con la persona en cuestión. Estar preparado y haber pensado con precisión lo que quieres decir hará que sea mucho más fácil ser asertivo.

Estrategias prácticas para decir "no"

La mejor y más eficaz manera de decir "No" es precisamente eso. Hazlo de forma sencilla. Di "No" y detente ahí. Eso es mucho más difícil de lo que crees. El momento inmediatamente posterior a decir "No", especialmente si no estás acostumbrado a rechazar a nadie, será duro para ti. Decir "No" creará tensión, y querrás seguir hablando para calmar la situación. Es posible que tengas la tentación de ofrecer alguna otra forma de ayuda o asistencia para que la otra persona se sienta mejor. Este es también el momento en el que estarás más tentado de dar marcha atrás en tu decisión. Prepárate y resiste esa tentación. Recuerda que no tienes que dar excusas para decir que no, y que no es tu responsabilidad hacer feliz a la otra persona. Cada vez que digas "No" y te mantengas firme, será más fácil.

Un "No" simple y directo es siempre la mejor solución para rechazar algo. Sin embargo, si te cuesta hacerlo, hay estrategias que puedes utilizar para que sea más fácil.

Explicar. Decir "No" es un mensaje de asertividad. No tienes que explicarlo ni justificarlo. Sin embargo, puedes utilizar un mensaje de asertividad de tres partes para que entiendan claramente por qué dices "No".

Aplaza la decisión. En lugar de decir simplemente que no, puedes aplazar la decisión final. Por ejemplo, alguien te pide un favor. En lugar de decir "No", puedes decir "No lo haré ahora mismo, pero llámame más tarde".

Ofrece una alternativa. Supongamos que alguien te pide ayuda para mudarse de su apartamento. En lugar de decir "*No*", podrías decir: "*No puedo estar todo el día, pero puedo disponer de dos horas*". Imagina que alguien te invita a una reunión social a la que no quieres asistir. Podrías decir "no puedo *hacerlo este mes, pero tendré tiempo libre el mes que viene*". En efecto, estás ofreciendo un premio de consolación, algo que consume menos tiempo y energía o que se ajusta mejor a tu agenda. Este enfoque puede ser beneficioso para ti, y puede que no te resulte tan difícil como un simple "*No*".

Reconocer mientras se rechaza. A veces, el efecto de un "*No*" puede suavizarse reconociendo los sentimientos de la otra persona. Por ejemplo, un amigo te pide que le acompañes a una reunión social. En lugar de un simple "*no*", puedes decir: "*Sé que estás nervioso por ir solo, pero realmente no quiero hacerlo*".

Nombra a alguien más cualificado. Por ejemplo, si te piden que lleves a alguien en coche, puedes responder: "*No me siento muy seguro conduciendo de noche por calles que no conozco. Pero sé que a esa persona X le parece bien*''.

Posponerlo. Esta estrategia es la más fácil, pero también la forma menos honesta de decir "*No*". Sólo utiliza esta estrategia si realmente no puedes afrontar nada más directo. Se trata de una respuesta del tipo "*déjame ver cómo van las cosas* *y ya te llamaré"*. "No incluye un plazo de tiempo y, en realidad, no tienes intención de volver a hablar con la otra persona. También puede ser una estrategia útil si alguien no acepta tu *"No"* y sigue molestándote para que cambies de opinión.

Sea cual sea la forma de *"No"* que elijas, no caigas en la tentación de suavizar tu *"No"* con una disculpa. A la mayoría de nosotros nos resulta mucho más fácil decir "*Lo siento, pero no*" que *"No"*. De hecho, muchos de nosotros somos unos apologistas tan empedernidos que constantemente decimos que lo sentimos. Una disculpa es apropiada si has hecho algo malo o algo que ha herido o angustiado a otra persona y de lo que puedes sentirte avergonzado. Decir *"No"* es tu derecho y no es algo vergonzoso. No te disculpes cuando digas "No".

Al igual que otros aspectos de la asertividad, decir *"No"* es una habilidad que se aprende. Si actualmente eres muy pasivo, probablemente sea una habilidad que nunca practiques. Cuando empieces a utilizarla, las personas que están acostumbradas a dar por sentada tu afirmación se van a sorprender. Probablemente tampoco se alegren. Prepárate para ello. Cada vez que digas *"No"* y te mantengas firme, te resultará más fácil y los demás se acostumbrarán a ello.

Cómo lidiar con la oposición

Cuando das mensajes de aseveración en la vida real (incluyendo el decir *"No"*), a menudo eso no será el final de la historia. La gente casi siempre reaccionará a la defensiva e intentará oponerse a tu afirmación. Por eso, transmitir tu mensaje de afirmación es sólo una parte de un proceso de seis pasos. El proceso general es el siguiente:

1. **Prepárate.** Piensa en lo que vas a decir y compón tu mensaje de afirmación en tres partes. Ensaya el mensaje y piensa en el comportamiento o la situación que quieres cambiar. ¿Es algo que se puede cambiar? ¿Ese cambio dañará irremediablemente una relación? ¿Estás dispuesto a arriesgarte para conseguir lo que quieres?

2. **Transmite el mensaje en tres partes.** Hazlo con calma y en un lugar sin distracciones.

3. **Deja de hablar.** Cuando hayas transmitido el mensaje, no caigas en la tentación de explicar o justificar. No te disculpes. Deja de hablar y espera a que la otra persona hable.

4. **Escucha.** En el mundo real, es poco probable que tu mensaje vaya seguido de una aceptación tranquila por parte de la otra persona y de una discusión sensata sobre posibles soluciones. Cuando las personas se enfrentan a un mensaje de afirmación que les pide que cambien su comportamiento, la mayoría de ellas se sorprenderán y quizás se sientan insatisfechas. A menudo se pondrán inmediatamente a la defensiva intentando justificar sus acciones.

Durante esta fase, debes utilizar tu capacidad de escucha reflexiva. Déjalas hablar.

5. **Repite los pasos 2 a 4** tantas veces como sea necesario hasta que la otra persona esté preparada:

6. **Habla de las soluciones**. Es posible que al escuchar la respuesta de la otra persona se descubran necesidades que ella tiene y de las que tú no eras consciente. Esas necesidades pueden ser tenidas en cuenta en cualquier solución que discutan. Si puedes llegar a una solución que los deje contentos a los dos, es bueno. Sé flexible en cuanto a las soluciones, pero no pierdas nunca de vista el motivo original de tu afirmación. Lo haces porque una situación o un comportamiento concreto te hace infeliz. El objetivo de esta afirmación es cambiar esa situación o comportamiento. Hacer feliz a la otra persona no es tu objetivo principal. Recuerda que no eres responsable de la felicidad de esa persona. Se trata de satisfacer tus necesidades y cualquier solución que acuerdes debe hacerlo.

Algunas personas pueden reaccionar a tu afirmación con emociones. Estas emociones pueden ir desde la ira hasta la infelicidad o incluso las lágrimas. Estas emociones suelen ser parte de la defensa inicial, pero también pueden ser un intento de manipularte. Se le pasarán. Si la persona parece tan emocional que no puede hablar de la situación con coherencia, dile que volverán a hablar de ello cuando se sienta menos emocional. En ese momento, repite los pasos 2-6.

Una de las respuestas más difíciles es el silencio total. La otra persona puede parecer enfadada o molesta, pero no dice nada. ¿Qué debes hacer? Lo que no debes hacer es seguir hablando. Responde a su silencio sin decir nada. Es increíblemente duro, y tendrás la tentación de acabar con el silencio, pero intenta no hacerlo. Si debes decir algo, simplemente repite tu mensaje de afirmación. Cuando no puedas soportar más el silencio, puedes concluir con una afirmación como "*Está claro que no quieres hablar de esto, pero supongo que entiendes por qué estoy descontento con* (repite la primera parte de tu mensaje de afirmación). *Podemos hablar de lo que haremos más tarde"*.

Debes estar preparado para persistir. Dar un mensaje de afirmación una sola vez no traerá, casi con toda seguridad, el cambio que desea. Es posible que tengas que repetir el mensaje de afirmación entre tres y diez veces, y quizás en más de una ocasión, antes de que puedas cambiar la situación o el comportamiento que te está afectando. Prepárate para ello. Los mensajes de afirmación son importantes. Son la única forma de cambiar situaciones o comportamientos para garantizar la protección de tus necesidades y sentimientos. Intenta no enfadarte si tienes que seguir repitiendo el mensaje. Volverse hostil o agresivo no hará que la otra persona haga lo que tú quieres.

Este proceso probablemente parezca emocionalmente exigente. Puede serlo, y a menudo implicará cierto nivel de confrontación. Tal vez el mero hecho de pensarlo le produzca ansiedad. No dejes que eso te impida hacerte valer. No es fácil, pero una vez que aprendas a transmitir

mensajes de asertividad de forma eficaz, habrás
dominado la habilidad de asertividad más importante.

Capítulo 12: Asertividad, paso a paso

Las cuatro etapas de la asertividad

Nadie pasa de ser pasivo a ser asertivo en un solo paso. Llegar a ser asertivo es un proceso de cambio gradual, de sustitución de tus actuales comportamientos pasivos por nuevos comportamientos asertivos. Va a requerir tiempo, esfuerzo y valor por tu parte. Puedes hacerlo, y llegar a tu destino implicará pasar por estas cuatro etapas:

Fase 1: Ensayo y reflexión

En esta etapa ensayarás tus nuevas habilidades de afirmación dentro de tu cabeza, con seguridad y sin riesgo de fracaso o decepción. Piensa en situaciones en las que podrías utilizar esas habilidades. Piensa precisamente en cómo podrías utilizarlas en el pasado. Reflexiona sobre las situaciones y comportamientos que más te gustaría cambiar. Escríbelos e intenta escribir los mensajes de afirmación adecuados en tres partes. No te preocupes. Esta etapa consiste en reflexionar, en pensar cómo y dónde vas a utilizar esas nuevas habilidades.

Etapa 2: Primera práctica

Has leído este libro; entiendes cómo ser asertivo, y probablemente no puedes esperar a probar el nuevo enfoque en los mayores problemas de tu vida. Espera un momento. Si intentas utilizar tus nuevas habilidades en las situaciones más desafiantes y con las personas más intratables, te estás preparando para el fracaso. En lugar de eso, da un pequeño paso a la vez. Esto es un maratón, no un sprint. Al principio, practica tus nuevas habilidades de asertividad en situaciones que te resulten menos estresantes. Puede que esto no suponga un cambio instantáneo y fundamental en tu vida, pero estarás practicando las habilidades que utilizarás en otras ocasiones. Sólo cuando hayas probado y perfeccionado tus nuevas habilidades estarás preparado para pasar a la siguiente fase.

Etapa 3: Convertirse en asertivo

Esto es lo que hay. Utilizarás tus nuevas habilidades para enfrentarte a situaciones de la vida real que pueden implicar cierto nivel de confrontación. Estas situaciones son más difíciles de afrontar, pero las recompensas potenciales también son mayores. Cuando aprendas a ser asertivo a este nivel, comprenderás que tienes el control de tu vida y que eres capaz de cambiar lo que no te gusta.

Etapa 4: Priorizar tus necesidades

Ahora que te sientes más cómodo actuando de forma asertiva, es el momento de evaluar cómo quieres utilizar estas habilidades. ¿Cuáles son los cambios más significativos que quieres hacer en tu vida?

Ahora, veamos un plan detallado de 20 pasos para trabajar a través de las cuatro etapas para volverse asertivo.

Tu plan de asertividad en 20 pasos

Este capítulo ofrece veinte pasos que te llevarán de la pasividad a la asertividad. Puedes seguir los pasos al ritmo que prefieras. Podrías hacerlos en días consecutivos, aunque eso representaría todo un reto. Podrías hacerlos en un solo mes. Si crees que prefieres alargar estos pasos durante tres o seis meses (o incluso más), no hay problema. Asegúrate de trabajar todos los pasos a un ritmo con el que te sientas cómodo. Este libro no trata de convertirse en una persona asertiva durante un mes. Se trata de aprender habilidades que te servirán para el resto de tu vida.

Fase 1: Ensayo y reflexión

Paso 1. Piensa en las ocasiones del pasado en las que la falta de asertividad ha sido un problema. Son situaciones en las que te has encontrado actuando de forma que te has sentido frustrado o insatisfecho. Esto puede deberse a que no te sentiste capaz de decir *"No"* o no fuiste capaz de comunicar tus propias necesidades y emociones. Escríbelos. Sé detallado y describe cómo te hicieron sentir esos acontecimientos. Busca al menos cinco ejemplos.

Paso 2. Para cada ejemplo, escribe cómo reaccionaste. ¿No dijiste nada en ese momento, pero te encontraste con que estabas melancólico y resentido después? ¿Te quejaste después a otras personas, pero no hablaste en ese momento? No te frustres ni te culpes. Necesitas saber dónde estás ahora para poder empezar a mejorar. No se trata de culparte a ti mismo, sino de analizar objetivamente tu reacción ante esa falta de asertividad.

Paso 3. Para cada ejemplo, escribe un mensaje de afirmación en tres partes que podrías haber dado. Piensa en cómo podría haber cambiado el resultado si hubieras dado este mensaje en lugar de reaccionar como lo hiciste.

Paso 4. Observa los mensajes de afirmación en tres partes que has creado. En particular, fíjate en el vocabulario que utilizan. Esos mensajes describen cómo te sientes. Decir esto a otras personas es una parte importante de la afirmación de tus propias necesidades. Ahora, piensa en cómo podrías incluir ese mismo vocabulario en tu discurso cotidiano. ¿Se te ocurren situaciones en las que podrías describir tus sentimientos más a menudo?

Paso 5. Reflexiona sobre lo que has dicho en el transcurso de un día determinado. Por ejemplo, ¿te has disculpado? ¿Fue apropiado? ¿Realmente has hecho algo que merecía una disculpa? ¿Hubo ocasiones en las que podrías haber mencionado cómo te sentías, pero no lo hiciste? ¿Experimentaste sentimientos de ansiedad o resentimiento? ¿Qué los provocó?

Ahora deberías tener una idea mucho más clara de dónde te encuentras en cuanto a tu asertividad o a la falta de ella. Tómate el tiempo que necesites para la primera fase del plan de acción. Es importante que entiendas tu situación actual porque eso te dará la motivación para cambiar. Ahora, es el momento de pasar de pensar en ser asertivo a pasar a la acción, aunque todavía habrá pausas para la reflexión en la siguiente etapa.

Etapa 2: Primera práctica

Paso 6. El primer ejercicio de afirmación es bastante sencillo. Describirás a alguien las emociones negativas que sientes. No se trata de transmitir un mensaje de afirmación. Se trata simplemente de contarle a otra persona los sentimientos de ansiedad, resentimiento o incluso, ira. La persona a la que se lo cuentes puede decidir hablar más sobre estas emociones o no. Su respuesta no es importante. Este paso consiste en aprender a expresar las emociones negativas, ya que es algo que, a las personas poco asertivas, como las personas complacientes, les resulta muy difícil hacer. Hazlo tan a menudo como quieras. El objetivo es sentirse cómodo expresando sentimientos, incluso los negativos. Cuando lo hayas hecho, reflexiona sobre cómo te hizo sentir el expresarte de esta manera.

Paso 7. El miedo es una barrera importante para la asertividad. En este paso, representará el rechazo a una petición de ayuda de alguien que es insistente y exigente. Si tienes un amigo de confianza, pídele que haga el papel de la otra persona. De lo contrario, interpreta tú mismo estos dos papeles, dentro de tu cabeza. Imagina que la situación es lo más conflictiva posible.

Piensa detalladamente en lo que podría decir la otra persona y en cómo podrías responder eficazmente.

Paso 8. Una vez más, harás un juego de rol, ya sea con un amigo o en tu cabeza. Esta vez, la persona que hace la petición de ayuda no se rendirá. Acostúmbrate a seguir manteniendo tu mensaje de afirmación, incluso repitiéndolo una y otra vez mientras mantienes la calma.

Paso 9. Otro juego de rol. Esta vez se trata de decir *"No"* con el menor número de palabras posible. Encuentra la forma más sencilla y directa de decir *"No"* sin excusas, justificaciones ni disculpas. Esto es mucho más difícil de lo que parece, así que ponte cómodo en el juego de roles antes de empezar a utilizar esta estrategia en la vida real.

Paso 10. En un entorno público y seguro, como una tienda, un centro comercial, una biblioteca o el trabajo, haz una petición o una pregunta a alguien que no conozcas bien. Esta petición puede ser tan pequeña como preguntar la hora, pedir indicaciones o pedir ayuda para manejar un equipo como una impresora. Lo que sea dependerá de tus circunstancias personales. Lo importante es que, si lo pides con confianza, la mayoría de la gente estará encantada de complacerte. Si eres una persona muy pasiva, incluso esta pequeña afirmación será un reto.

Cuando lo hayas hecho, reflexiona sobre cómo te ha hecho sentir.

Paso 11. Pide algo a un amigo o a alguien que conozcas bien. Pide que te presten una grapadora en el trabajo. Pídele a alguien que te recoja un sándwich. Pide consejo a alguien sobre algo en lo que estés trabajando. De nuevo, lo que pidas dependerá totalmente de tus circunstancias personales. Haz la petición con educación y confianza.

Paso 12. Este es el final de la Etapa 2 y ya estás casi listo para empezar a utilizar tus habilidades de asertividad. Pero primero, reflexiona sobre estas etapas iniciales. ¿Qué es lo que te ha resultado más difícil? ¿Expresar sentimientos negativos? ¿Pedirle algo a un desconocido? ¿Pedirle algo a un amigo? Si alguna de ellas te resultó especialmente difícil, quizá quieras repetirla hasta que te resulte más cómoda antes de pasar al siguiente paso.

Etapa 3: Convertirse en asertivo

Paso 13. No estar de acuerdo con alguien. Elige una situación segura en la que puedas ofrecer una opinión contraria. Si un amigo le sugiere ir a un lugar determinado, no estés de acuerdo y sugiera una alternativa. Si alguien en el trabajo expone una opinión sobre algo, ofrece el punto de vista contrario. No importa cuál sea la situación o lo pequeña que sea la circunstancia. No estás siendo maleducado al hacerlo, sólo ofreces un punto de vista alternativo. Esta es una buena manera de desarrollar tus músculos de asertividad. Repítelo tantas veces como quieras.

Paso 14. Repite el paso anterior, pero utiliza la persuasión para intentar que alguien esté de acuerdo con tu opinión. Te sorprenderá lo fácil que es si tienes confianza y calma.

Paso 15. Consigue lo que quieres. Por ejemplo, si pides comida de un menú fijo, pregunta si puedes cambiar uno de los platos por otro. Haz una petición específica para la comida que pidas. Por ejemplo, pida que le den la pizza sin aceitunas. Si estás en una reunión o encuentro social, pide que te cambien el asiento con alguien. Si te preguntan por qué, siempre puedes decir que la luz te parece mejor en ese asiento o que el asiento en sí es más cómodo. Una vez más, la situación exacta no es importante. Lo importante es que hagas una petición y que utilices tus habilidades asertivas para salirte con la tuya.

Paso 16. Repite el paso anterior, haciendo peticiones más exigentes. Sé tan escandaloso como quieras, pero recuerda tener en cuenta las emociones o necesidades de los demás. Pedir la silla más cómoda de la sala está bien, pero si tienes un amigo o colega que sufre de problemas de espalda, quizá lo necesite más. Pide lo que quieras, pero no a costa de los demás.

Paso 17. Utilice un mensaje de afirmación de tres partes como parte de un proceso de afirmación de seis partes. Este es un paso difícil, y debe implicar una conversación difícil o incluso una confrontación. Quizá sea una reunión con tu jefe para hablar de un ascenso o un aumento de sueldo. Tal vez sea una discusión con un amigo o con tu pareja sobre un elemento de su comportamiento que te está angustiando. Tanto si es personal como profesional, este paso consiste en cambiar una situación que te está causando una gran angustia. Es casi seguro que es algo que no has deseado. Pero ahora tienes las habilidades necesarias para afrontarlo con eficacia. Ensaya tu mensaje de afirmación hasta que te sientas preparado, y luego ten esa conversación. Utiliza tus habilidades de escucha cuando la otra persona responda.

Paso 18. Revisa el último paso. ¿Cuál fue el resultado? ¿Conseguiste lo que querías? Si no es así, piense por qué. ¿Hubo algo que podrías haber dicho de forma diferente o más clara que hubiera cambiado el resultado? ¿Perdiste la confianza y te echaste atrás? Y lo más importante, ¿cómo te sentiste después? Aunque el resultado no fuera precisamente el que querías, deberías haber sido capaz de hacer que la otra persona entendiera claramente tus sentimientos. ¿Te ha hecho sentirte capacitado y más seguro de ti mismo? Repite este paso tantas veces como sea necesario.

Etapa 4: Priorizar tus necesidades

Ya has practicado todas las habilidades que necesitas para ser asertivo. Has recorrido un largo camino desde que empezaste, y ahora es el momento de pensar en cómo utilizar esas habilidades para cambiar y mejorar tu vida.

Paso 19. Revisa tus objetivos personales. ¿Hacia dónde quieres ir en tu vida? ¿Qué cambios quieres hacer en tu vida personal o profesional? ¿Qué es lo que realmente te importa? Si eres pasivo y, sobre todo, si te gusta complacer a la gente, estos valores fundamentales pueden perderse en medio de tu preocupación por las necesidades de los demás. Es hora de volver a lo básico: ¿Qué te hace feliz? Y a la inversa, ¿qué te hace infeliz? Escríbelo. Se convertirán en tus objetivos, las situaciones o comportamientos que quieres adoptar o cambiar. Puede que te lleve algún tiempo finalizar tu lista, y probablemente te encuentres ampliándola a medida que pienses en nuevas incorporaciones.

Paso 20. Planifica cómo puedes utilizar tus nuevas habilidades de afirmación para lograr tus objetivos. Escriba sus límites personales. Haga una lista de los objetivos que quiere alcanzar en el próximo mes, los próximos seis meses y el próximo año. Revisa esta lista con frecuencia y evalúa tus progresos. Actualiza la lista con nuevos objetivos si lo desea. Esta lista de objetivos se convertirá en tu plan maestro, y la asertividad te ayudará a conseguirlo. Cuando eres asertivo, puedes ser quien quieras ser. Puedes hacer lo que quieras. Todo lo que tienes que hacer ahora es tomar la decisión de ser asertivo.

SU REGALO

Nos gustaría darte un regalo para agradecerle la compra de este libro. Puedes elegir entre cualquiera de nuestros otros títulos publicados.

Puedes obtener acceso inmediato a cualquiera de nuestros libros haciendo clic en el siguiente enlace y uniéndote a nuestra lista de correo:

https://campsite.bio/mastertoday

Nuestros otros libros

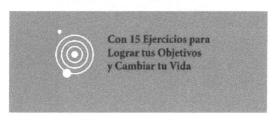

Dominio de la Fuerza Mental: *Construye tu autoconfianza para desbloquear tu valor y resistencia*

Construye tu confianza en ti mismo, y libera tu coraje para soportar las dificultades y rendir en cualquier condición!

La fortaleza mental te ayudará a elevarte por encima de muchas personas que se ven fácilmente afectadas por sus circunstancias externas, como los retos, los obstáculos y los contratiempos. Te permite rendir bajo presión y superar los retos de la vida.

Este libro te da las claves para desarrollar una verdadera fortaleza mental.

Imagínate a ti mismo enfrentándote a los problemas de la vida con confianza, seguridad y una valentía de león. Imagínate afrontando cualquier problema o contratiempo que pueda surgir. ¿Estás preparado para ello?

Si es así, ¡este libro de dominio de la fortaleza mental y la disciplina es para ti!

Aumente su confianza en sí mismo y libere su valor y resistencia para hacer frente a la adversidad... Persevere, maneje la presión y mantenga sus planes. Deje de agotar su energía y obtenga más de la vida de lo que creía posible.

Endurece tu mente y domina tu disciplina, controla tus impulsos y soporta la angustia emocional y psicológica que es la raíz de la desgracia. Haz que sentirte abrumado, agotado o sobrecargado sean síntomas del pasado.

En **Dominio de la Fuerza Mental,** descubrirá:

- Qué es la fortaleza mental y qué no es...
- Los rasgos de carácter que las personas mentalmente fuertes aprendieron para superar la mediocridad.

- Por qué la motivación y la fuerza de voluntad no son herramientas fiables.
- Cómo la disciplina te ayuda a sacar más provecho de la vida.
- Cómo la fortaleza mental es el ingrediente esencial para el éxito.
- Las claves para fortalecer tu mente y desbloquear el máximo rendimiento.
- Cómo puedes retrasar la gratificación con facilidad.

Conviértete en una persona mentalmente fuerte. El libro incluye un cuaderno de trabajo paso a paso y 15 poderosos ejercicios que te ayudarán a convertir lo que aprenderás a lo largo de este libro en hábitos diarios.

Deja de rendirte cuando la vida se pone difícil. Domina tu mente y tu disciplina para ser resiliente. Empieza a entrenar y hazte con un ejemplar de este libro hoy mismo para enfrentarte a la adversidad con valentía.

Para saber más, haz clic aquí:

https://master.today/books/mental-toughness/

Lightning Source UK Ltd.
Milton Keynes UK
UKHW020637051121
393439UK00011B/759